스토리텔링
초등한국사 ❷
교과서

그림 경혜원

명지대학교에서 영어영문학을 공부했습니다. 어린이와 그림을 좋아하는 마음에 어린이책 일러스트레이터가 되었습니다. 일러스트레이터 모임 잔디울과 별마루의 회원입니다.
《어린이 문학박물관》《비석이 들려주는 이야기 한국사》 등과 〈논술대비 한국명작〉〈꿈담 인물 그림책〉〈잘잘잘 옛이야기 마당〉 시리즈 등 다수의 그림책과 어린이책에 그림을 그렸습니다. 문학에 대한 꿈도 간직하고 있어, 직접 쓰고 그린 그림책을 준비 중입니다.

스토리텔링 초등 한국사 교과서 ❷
고려 시대부터 조선 후기까지

1판 1쇄 발행일 2013년 5월 10일 • **1판 9쇄 발행일** 2023년 10월 11일
글 초등역사교사모임 • **그림** 경혜원 • **감수** 이인석 • **펴낸이** 김태완
편집주간 이은아 • **책임편집** 진원지 • **편집** 김경란, 변은숙, 조정우 • **마케팅** 강보람, 민지원, 염승연 • **디자인** 구화정 page9, 안상준
사진제공 국립경주박물관, 국립부여박물관, 국립중앙박물관, 독립기념관, 육군박물관, 한정영 • **펴낸곳** (주)도서출판 북멘토
출판등록 제6-800호(2006. 6. 13.) • **주소** 03990 서울시 마포구 월드컵북로 6길 69, IK빌딩 3층
전화 02-332-4885 • **팩스** 02-6021-4885

⬆ bookmentorbooks.co.kr ✉ bookmentorbooks@hanmail.net
⊙ bookmentorbooks__ f bookmentorbooks

ISBN　978-89-6319-081-5　64910
　　　　978-89-6319-079-2　64910 세트

이 도서의 국립중앙도서관 출판예정도서목록(CIP)은 서지정보유통지원시스템 홈페이지(http://seoji.nl.go.kr)와 국가자료공동목록시스템(http://www.nl.go.kr/kolisnet)에서 이용하실 수 있습니다.(CIP제어번호: CIP2013005136)

인증 유형 공급자 적합성 확인　**제조국명** 대한민국　**사용연령** 8세 이상
KC마크는 이 제품이 공통안전기준에 적합하였음을 의미합니다.
종이에 베이거나 책 모서리에 다치지 않도록 주의하세요.

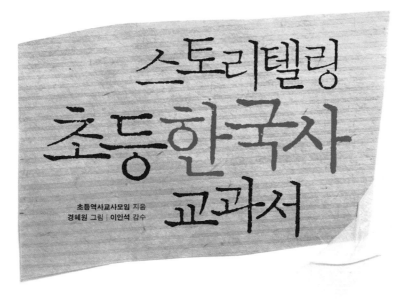

스토리텔링
초등한국사
교과서

초등역사교사모임 지음
경혜원 그림 | 이인석 감수

2 고려 시대부터 조선 후기까지

머리말

　요즘 들어 스토리텔링이라는 말을 많이 쓰고 있습니다. 수학도 스토리텔링, 과학도 스토리텔링, 그리고 역사도 스토리텔링. 이 말은 '이야기 또는 이야기하기'를 뜻하지요. 다시 한 번 풀어 보자면, 어려운 정보나 지식을 이야기 속에서 자연스럽게 전달해 주는 것을 말해요. 『스토리텔링 초등 한국사 교과서』 역시 '우리나라'를 주인공으로 하는 흥미진진한 스토리텔링입니다.

　주인공인 우리나라는 한반도에서 태어나 때로는 중국 대륙까지 진출하여 기상을 드높이기도 했고, 여럿으로 나뉘었다가도 통일을 이루어 씩씩하게 성장하기도 했어요. 악당과 싸울 때는 죽을 고비도 여러 번 넘겼지만, 기지를 발휘하여 아슬아슬하게 위기를 극복하고 적을 물리쳐 냈어요. 그러는 동안에 전 세계가 깜짝 놀랄 만한 문화유산을 척척 만들어 내기도 했습니다. 그중 어떤 것은 세계 최초인 것도 있고, 세계 최고인 것도 있습니다. 이 모든 것들이 바로 우리나라가 빚어 낸 가슴 두근거리거나, 슬프거나, 뿌듯하거나, 기쁜 이야기랍니다.

　이 책은 이처럼 우리나라를 주인공으로 한 이야기를 담담하게 그리고 흥미진진하게 들려주려고 했습니다. 그래서인지, 이 책을 쓰면서 어쩌면 역사는 공부하는 것이 아니라, 마음에 담는 것인지도 모르겠다는 생각도 들었습니다. 그간 여러 역사책을 써 온 초등역사교사모임 선생님들은 『스토리텔링 초등 한국사 교과서』를 함께 쓰면서 이전에 출간했던 책의 오류를 바로잡기 위해 노력했습니다. 특히 오랫동안 현장에서 학생들을 가르치는 한편 교과서를 집필하신 선생님께 감수를 받아 책의 완성도를 높였습니다. 더하여 전국의 초등학교 선생님들께 미리 보여 드리고 추천을 받았습니다.

옛 이야기인 역사책을 지금 우리가 읽는 것은, 흔히 말하는 대로 역사가 '미래'의 길잡이이기 때문입니다. 그러나 더 중요한 것은, 역사책을 읽으면 그 속에서 '우리 자신'을 발견하고 함께 미래를 만들어 나갈 수 있다는 점이지요. 이 책을 읽으며 너와 내가 만나 함께 만들어 나가는 미래를 꿈꾸어 보면 어떨까요?

초등역사교사모임

차례

16장 조선의 르네상스 - 영·정조 시대

나라의 기틀을 만들다

호족 감싸기와 훈요 10조 🏵 고려를 세운 태조 왕건 앞에 큰 숙제가 놓여 있었습니다.

'어떻게 하면 나를 지지해 준 호족들을 더 오래, 안정적으로 내 편에 머무르게 할 수 있을까? 그럼 왕의 권력 또한 강해질 텐데 말이야.'

왕건과 함께 새로운 사회를 이끄는 데 큰 역할을 했던 호족은 각자의 지역에 만만치 않은 경제력과 힘을 가지고 있었습니다. 여차하면 군사로 쓸 수 있는 노비도 많이 거느리고 있었습니다.

그 때문에 왕건은 호족들의 지속적인 충성과 지지가 필요했는데, 이를 위해서 충성과 복종을 맹세하는 호족에게 왕씨 성을 하사하기도 했습니다. 왕과 같은 성씨를 내린다는 건, 그를 왕족처럼 귀한 신분으로 대우하겠다는 뜻이었지요. 명주강릉의 호족 김순식도 왕씨 성을 하사받고, 그때부터 왕순식으로 불렸습니다.

또한 호족을 끌어안기 위해서 호족의 딸과 혼인하는 것을 마다하지 않았습니다. 그럴 경우, 호족들은 왕건과 친인척 관계가 되기 때문에 함부로 왕건에게 맞설 수가 없었지요. 그 때문에 왕건은 전국 각지 유력 호족의 딸들과 혼인을 했고 무려 29명의 부인을 두게 되었습니다.

아울러 지방의 호족 자제를 개경 고려의 수도, 지금의 개성 지역으로 불러들여 벼슬 자리에 앉히고 후하게 대접했어요. 왕건 입장에서는, 지방 호족이 자제의 안위를 걱정해서 왕건을 배신하지 않을 테니 좋을 것이요, 지방 호족 입장에서는, 자식이 중앙에 나가 가문의 명예를 높였으니 좋았겠지요. 이것을 '기인 제도'라 불렀습니다. 여기에 더하여 그 지방을 잘 알거나 연고가 있는 호족에게 시켜 지방 정치를 감독하게 했고, 이를 통해 인심을 얻었습니다. 바로 '사심관 제도' 였습니다. 신라의 마지막 임금 경순왕을 경주의 사심관에 임명한 것이 시초였어요.

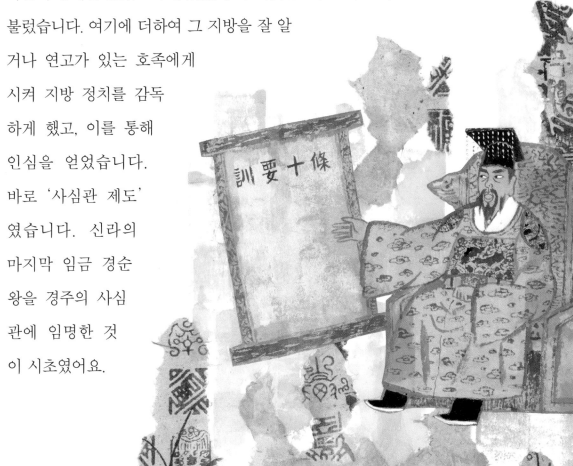

뿐만 아니라 태조 왕건은, 두루 민심을 얻기 위해 발해의 유민들을 적극적으로 받아들였고 옛 고구려의 도성이었던 평양성을 '서경'이라 높여 부르며 인척을 보내 다스리게 했습니다. 그리고 죽기 전에는 재상 박술희를 불러 후계자들이 꼭 지켜야 하는 덕목 열 가지를 남겼지요. 바로 '훈요 10조'라 불리는 유언이었습니다. 이 열 가지 덕목은 불교를 크게 일으키되 승려들끼리 싸우는 일이 없도록 할 것, 사원을 함부로 짓지 말고, 덕이 있는 자에게 왕위를 잇도록 하며, 거란의 풍습을 따르지 말고, 서경에 연 100일 이상 머무르며, 상벌을 분명히 하여 백성의 인심을 잃지 말 것, 변란의 위험이 있으니 차령산맥 이남의 사람에게는 벼슬을 함부로 주지 말고, 관리들의 녹봉을 제멋대로 높이지 말며, 유교의 경전과 역사책을 많이 읽을 것 등이었습니다.

과거 제도와 노비안검법 ⊛ 그러나 태조 왕건이 그토록 노력했음에도 불구하고, 그가 죽자 호족과 공신 들은 왕위 계승 문제를 놓고 다투었습니다. 그 때문에 혜종2대과 정종3대은 뜻대로 나랏일을 펼쳐 보지도 못하고 일찍 세상을 떠났습니다.

이런 조정의 혼란을 유심히 살펴본 광종4대은 왕권을 강화하고 왕실을 안정시키기 위해서는 어떻게든 공신과 호족 들의 기세를 꺾어야 한다고 생각했습니다. 그는 '노비안검법'을 실시하겠다고 선언했습니다. 956년

"공신들이 거느리고 있는 노비 중에서 애초에 양인이었던 자들이나 전쟁 중에 포로가 되어 억울하게 노비가 된 자들은 원래의 신분을 찾아 주도록 하라!"

공신들에게 노비는 매우 중요한 재산이었습니다. 위급할 때는 군사로도 쓸 수 있었으니까요. 그 때문에 호족들은 강력히 반대했습니다.

▲ 송광사에 보관 중인 고려 시대의 노비 문서

하지만 아무도 광종의 뜻을 꺾지 못했습니다. 오히려 광종은 그로부터 얼마 후에는 후주 출신인 쌍기의 도움을 얻어 과거 제도까지 실시했습니다. 958년

"앞으로는 과거를 보아 실력 있는 자에게 벼슬을 줄 것이다!"

그것 또한 호족과 공신 들에게 크나큰 타격이었습니다. 왜냐하면 이전까지 벼슬아치들은 특정한 가문의 자제들이 독차지하고 있었기 때문이지요. 이번에도 호족과 공신 들은 거세게 반발했습니다.

"폐하, 지혜로운 벼슬아치는 훌륭한 가문에서 나오는 것입니다. 어찌 글 몇 줄 읽었다고 아무나 벼슬아치로 쓰신다 하시옵니까?"

물론 광종은 눈 하나 깜짝하지 않았습니다. 그 때문에 불만을 품고 반란을 도모하는 세력이 생겨났지만, 그때마다 엄하게 처

벌했습니다. 감시의 눈길도 멈추지 않았습니다. 나중에는 태자가 호족들을 만나고 다닌다는 소문이 돌자 태자도 감시하게 했습니다. 덕분에 호족 세력은 약화되고, 왕권은 강화되었습니다.

이를 바탕으로 성종6대은 나라 안의 질서와 제도를 안정시켜 나갔습니다.

성종은 먼저 유교를 통치 이념으로 삼아 나라를 다스리려 애썼고, 중앙의 통치 기구는 중국의 것을 부분적으로 본떠 2성 6부제를 도입했습니다.

"5품 이상의 모든 관리들은 한 사람도 빠짐없이 봉사누가 썼는지 아무도 보지 못하게 밀봉하여 올리는 상소문를 올리도록 하라!"

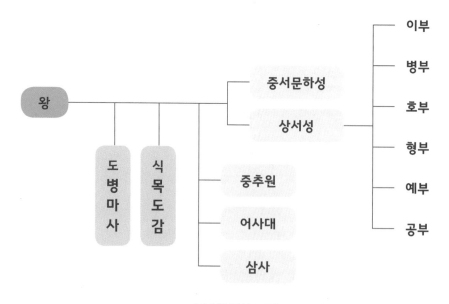

▲ 고려의 중앙 조직

그러다가 성종은 매우 뛰어난 글을 하나 발견했습니다. 다름 아닌 최승로의 '시무 28조'라는 글이었습니다. 이것을 바탕으로 성종은 관직과 군사 제도를 새로이 개편하고, 동시에 지방관을 파견하는 등, 나라를 안정시키기 위한 노력을 아끼지 않았습니다.

고려 사람들의 신분과 생활

고려의 핵심 지도층은 옛 신라의 귀족을 포함하여 공신 등으로 이루어진 문벌 귀족들이었습니다. 문벌 귀족이란 대대로 높은 벼슬을 하면서 그 권세를 널리 떨친 집안을 뜻하는 말이에요. 이들의 자제는 '음서 제도'에 따라 과거를 보지 않고도 벼슬을 할 수 있었습니다. 또 나라에서 공음전이라는 토지를 지급해 주었는데, 이것 역시 그 자손에게 세습되었어요.

시무 28조가 뭐예요?

최승로가 올린 시무 28조는 현재 22조의 내용만 전해지고 있습니다. 그 내용은 크게 여섯 가지인데, 첫째는 서북쪽 국경의 수비를 튼튼히 할 것, 둘째는 불교와 관련하여 그 폐해를 줄이기 위해 행사를 자제하고 유학을 장려할 것, 셋째는 국왕의 직할 부대 수를 줄이고 군주도 신하들에게 예의를 차리며 왕의 도리와 소임을 다할 것, 넷째, 상벌을 분명히 하고 권선징악의 정치를 펼 것, 다섯째, 주요 지방에 관리를 파견하여 지방 정책을 충실히 할 것, 여섯째, 의복 제도와 가사 제도 등을 확립하여 엄격한 신분 제도를 유지할 것 등입니다.

◀ 이자연의 묘지명. 고려 최고의 문벌 이자연은 11대 임금 문종의 장인이자 순종과 선종의 외할아버지예요. 이자연은 세 딸 모두를 문종과 혼인시켰는데 그의 손자는 이자겸으로, 예종의 장인이자 인종의 장인이지요. 이런 배경으로 훗날 이자겸은 고려 왕실을 혼란에 빠뜨렸어요.

이 외에도 관리가 되면 따로 녹봉봉급이 지급되었지요.

특히 개경의 귀족들은 수백 칸에 이르는 넓은 집을 짓고 호화롭게 살았습니다. 담장까지 여러 가지 장식으로 꾸몄고 집 안은 비단과 같은 사치스러운 물건들로 가득했지요. 아름다운 청자도 방 안의 장식물로 사용하는 사람이 많았어요. 특히 귀족들 사이에는 차를 마시는 풍습이 유행했는데, 그 덕분에 그릇찻잔을 만드는 기술도 발달했습니다.

과거를 통해 관리가 된다고 해도 모두 이처럼 호화로운 삶을 누리는 귀족이 되는 건 아니었습니다. 문벌을 이루지 못하면 높은 관직에 오를 수 없었고, 실무를 담당하는 낮은 벼슬을 하다가 그치는 경우가 대부분이었어요.

▲ 〈아집도대련〉. 고려 귀족들이 여유롭게 풍류를 즐기는 모습이에요.

간혹 평민들도 과거를 보는 경우가 있었습니다. 하지만 배울 기회가 거의 없던 평민들은 과거를 보고 벼슬을 하는 일이 사실상 불가능했습니다. 평민들은 대개 농사를 짓거나, 장사를 하고, 물건을 만드는 일에 종사했지요. 물론 그중에서도 농민들의 숫자가 가장 많았습니다.

고려 시대 최하층의 신분은 노비와 같은 천민이었습니다. 노비는 거래될 수 있었고, 자손에게 물려줄 수도 있었습니다. 그들은 다른 신분의 사람들과 절대 혼인할 수 없었고, 부모 중 한쪽만 천민이어도 그 자식은 무조건 천민 취급을 받았습니다. 노비 외에 광대나 무당도 천민으로 분류되었습니다.

이토록 엄격한 신분 사회였음에도 불구하고 고려의 여성들은 오히려 조선의 여성들에 비해 나름대로 독립적인 지위를 인정받았습니다. 이들은 남자 형제들과 똑같이 아버지의 재산을 상속받았고, 혼인할 때 여성이 가지고 간 재산의 소유권은 그대로 여성에게 있었습니다. 물론 경우에 따라서 이혼도 얼마든지 가능했고, 혹 남편을 잃는 경우 재혼도 할 수 있었습니다.

그런 한편, 고려 사람들 중에는 승려가 되고 싶어 하는 사람들이 많았습니다. 불교를 숭상하는 나라이다 보니, 승려가 되면 사회적으로 좋은 대우를 받을 수 있었지요. 그래서 나중에는 승려 지망생들이 많아지자 승려가 될 수 있는 자격을 제한하기도 했습니다. 또한 승과시험에 합격해야만 높은 지위에 오를 수 있도록 했지요.

이렇게 저마다 신분과 처지가 달랐지

▲ 대각 국사 의천. 문종(11대 임금)의 아들 의천도 승려가 되었어요. 그는 열한 살에 영통사로 출가하였고, 열네 살에 승려로는 최고의 자리인 '승통'이란 지위에 오를 수 있었지요. 훗날 의천은 속장경을 간행하고 한국 불교의 큰 줄기 중 하나인 천태종을 개창하기도 했답니다.

만, 왕과 귀족, 백성들이 한데 어울려 즐기던 놀이가 있었습니다. 바로 팔관회와 연등회였지요.

　태조 왕건도 장려한 팔관회는 원래는 여덟 가지의 불교 계율을 수행하는 법회였지만, 고려가 독특하게 발전시켜, 왕실의 시조는 물론 하늘과 바다, 큰 산 등 토속 신들에게도 제사를 올렸습니다. 팔관회가 열리는 동안에는 궁궐 마당에 밤새도록 등불을 달아 어둠을 밝혔고, 온갖 꽃과 비단으로 장식한 무대 위에서는 다양한 공연이 펼쳐졌습니다. 코끼리와 용, 말,

◀ 금강령. 불교 의식 중에 쓰인 종이에요. 이 종소리는 부처를 기쁘게 하고 중생을 깨우쳐 준다고 해요.

봉황 등의 가장행렬이 이어지기도 했는데, 이 행사를 보려고 전국의 사람들이 궁궐로 모여들어 개경은 발 디딜 틈 없이 혼잡했습니다.

또한 해마다 정월 보름 전후에 열렸던 연등회 날에는 궁궐에서 흥왕사까지 연등을 매달아 밤길을 밝히고 날이 새도록 축제를 즐겼다고 해요.

◀ 청동 은입사 향완. 불단에 안치하여 향을 피우는 데 사용한 향로예요.

청자와 귀족 공예품

청자는 왜 비취색을 띠고 있을까요?

팔만대장경과 함께 고려 시대의 가장 대표적인 유물인 청자는
특히 기술이 뛰어나 지금도 흉내 내어 만들 수 없을 정도라고 합니다.
그런데 청자는 왜 비취색일까요? 비취색은 중국에서도 귀족들의
보석인 옥의 색깔을 닮았다고 합니다. 옥색은 나쁜 귀신을 쫓는
성스러운 것으로 여겨졌지요. 그런 이유로 인해 옛날부터 사람
이 죽으면 다른 것들보다 옥을 함께 묻는 일이 많았답니다. 이런
이유로 옥색, 혹은 비취색이 귀한 색깔로 여겨졌던 것입니다.

▲ 청자 참외 모양 병

▲ 청자 사자 장식 향로

▲ 청자 기린 유개 향로

왜 고려에 청자 기술이 발달했을까요?

왕실에서도 불교를 높이 받들어 궁궐 안에 절을
짓는 일이 다반사였던 고려에서는 달마다 왕이 직접
나서서 불교 행사를 열기도 했지요. 그 덕분에 스님들도 높은
대우를 받았고 어떤 왕족은 스님이 되기도 했습니다. 그런
데 언제부터인지 스님들은 머리를 맑게 하기 위해서 차
를 마시는 일이 잦아졌고, 더욱이 이런 스
님들의 습관은 왕족들 사이에도 번져 나
갔지요.

그래서 왕족과 귀족 들은 귀한 손님이 왔
을 때, 혹은 여러 사람들이 모여 중요한 이
야기를 나눌 때 차를 마셨답니다. 바로 이
때, 차를 따라 마실 그릇, 즉 찻잔이 중요

▲ 청자 사람 모양 주전자

시되었는데, 이를테면 어떤 찻잔으로 차를 마시느냐에 따라 차의
맛이며 격이 달라진다고 생각한 것이랍니다. 그러다 보니 귀한
찻잔들이 만들어졌는데, 이런 일들이 고려 시대의 도자기를 발
달시키는 중요한 계기가 되었답니다.

▲ 청자 상감 포도 동자 무늬 주전자

청자 어룡 모양 주전자

▲ 청자 투각 칠보 무늬 향로

11장 | 외세의 침략과 왕실의 혼란

거란의 1차 침입과 서희의 담판

성종6대 때에 이르러 안정을 찾아 가던 고려는 북방의 거란족 요나라 때문에 다시 술렁였습니다.

고려는 왜 거란과 외교를 하지 않았어요?

고려는 고구려의 정신을 계승한 나라라는 자부심을 품고 있었고, 고구려처럼 북쪽으로 영역을 확장해 나가는 북진 정책에 힘을 쏟고 있었지요. 그렇지만 왕건은 대외적으로는 다음과 같은 이유를 대며 멀리했지요. '거란은 친척의 나라(발해)를 멸망시킨 원수의 나라다!' 심지어 942년경, 거란에서 사절단 30명과 선물로 낙타 50마리를 고려에 보내왔을 때는, 사신은 유배를 보내고 낙타는 개경에 있는 다리(만부교) 아래에서 굶어 죽게 했습니다.

애초에 고려는 거란과는 외교 관계를 맺지 않으면서 송나라와 가까이 지냈는데, 송나라와 날카롭게 대립하고 있던 거란은 이것이 불만이었습니다. 거란은 먼저 고려를 다독여 제 편으로 만든 다음, 송나라와 결전을 벌일 생각이었지요.

993년 10월, 거란은 80만 대군을 이끌고 압록강을 넘어 고려를 침략했습니다. 거란의 장수 소손녕은, 서경평양성이 자신들의 땅이니 돌려 달라고 억지를 부렸습니다. 이에 고려 조정에서는 싸움을 피하자는 의견이 많았습니다. 성종 역시 마찬가지 생각이었죠.

"나도 그렇게 생각하오. 신하들은 얼른 명령을

내려 서경의 창고에 쌓인 쌀을 백성에게 나누어 주고 그래도 남는 쌀은 대동강에 버리게 하시오. 혹시라도 남겨 두었다가 거란군의 군량미로 쓰일까 두렵소."

그러나 이를 반대하는 신하가 있었습니다.

"폐하, 식량을 버려서는 안 될 일이옵니다. 전쟁의 승패는 군사가 많고 적음에 있는 것이 아닙니다. 오히려 적의 속사정을 잘 알고 움직인다면 군사의 수가 적더라도 승리할 수 있습니다. 소인이 적장을 만나 담판을 짓겠사옵니다!"

그는 다름 아닌 서희였습니다. 서희는 거란이 진군해 오기를 멈추고 으름장을 놓는 모습을 보며 이것은 진짜 고려를 정복할 속셈이 아닌, 고려를 자기편으로 만들려는 협박에 불과하다는 점을 간파했어요. 거란 입장에서는 중국 본토로 진출해 송이라는 거대한 세력과 맞서려면 고려를 마냥 적으로 돌릴 수만도 없었어요. 다만 이런 식으로 자주 협박을 가해 고려 위에 서 볼 속셈이었지요. 그런데 서희는 바로 이런 속사정을 알아챘어요.

서희는 거란의 군영으로 달려갔습니다. 이때 소손녕이 서희를 윽박질렀습니다.

▲ 개성에서 출토된 중국의 거울이에요. 송나라 것으로 추정되는 이와 같은 물건들로 보아 고려와 송나라는 매우 활발한 무역을 했을 것으로 추측되지요.

▲ 거란의 글자가 새겨진 거울

"고려는 신라에서 비롯된 나라이고, 우리 거란은 옛 고구려 땅에서 일어난 나라요. 그러니 고구려의 옛 땅은 마땅히 우리 땅이오. 그런데 고려는 어찌하여 서경 이북의 우리 땅을 조금씩 취하는 것이오? 또한 고려는 무엇 때문에 국경을 맞대고 있는 우리 요나라_{거란}와 친하지 않고 멀리 있는 송나라와 친하려는 것이오. 만약 고려가 옛 고구려 땅을 요나라에 바치고, 송나라와 국교를 끊는다면 우리는 아무런 해를 입히지 않고 돌아갈 것이오."

이에 맞서 서희도 주장을 굽히지 않았습니다.

"장군, 고구려를 계승한 나라는 바로 우리 고려요. 그래서 이름도 고려라 지은 것이오. 또한 멀리 송나라와 국교를 맺은 것은 앞선 문물을 배우기 위한 것이며, 우리가 거란과 국교를 맺지 못하는 것은 고려와 거란 사이에 여진이 있어 그들이 방해를 하는 탓이오. 만약 여진족을 몰아내고 대신

송나라와의 관계가 얼마큼 좋았는데요?
960년, 조광윤이 송나라를 세우자 고려는 먼저 사신을 보내 외교 관계를 청했고, 송나라의 연호를 사용하면서 우호 관계를 돈독히 했습니다. 특히 송나라는 문화적으로 발달하여 고려에서는 온갖 서적이나 비단과 같은 문물을 들여왔지요. 하지만 994년, 요나라와의 약속 때문에 잠시 외교 관계가 단절되었다가, 1073년에 다시 외교 관계가 재개되었습니다.

거 란

여 진

강동 6주

귀주

홍화진

용주
철주
통주
곽주

안융진

서희의 외교 담판
993

서경

고 려

동 해

서 해

그 지역에 고려의 성을 쌓는다면, 마땅히 우리 고려는 거란과 국
교를 맺을 수 있을 것이오."

소손녕은 본국의 왕에게 회담의 내용을 전했어요.
이에 거란의 왕은 군사를 되돌리라 일렀지요. 고려가
거란에게 사대의 예를 갖출 것을 요구하면서요.

결국 거란군은 제 나라로 돌아갔고 고려는 흥화진
을 비롯하여 용주와 철주, 통주, 곽주, 귀주에 성을 쌓
아 영토를 넓혔어요. 이를 '강동 6주'라고 불렀습니다.

강감찬의 귀주 대첩

요나라가 두 번째로 고려를 침략한 것은 1010년,
강조의 정변을 핑계 삼아서였습니다. 요나라 황제는

강조의 정변이 뭐예요?
성종이 죽은 뒤, 목종(7대)
이 어린 나이로 왕이 되자
왕의 어머니인 헌애 왕후(천
추 태후)가 그의 외척인 김
치양을 불러들여 마음대로
나랏일을 돌보게 했습니다.
특히 김치양은 왕인 양 행세
하며 조정을 어지럽혔는데,
이를 보다 못한 강조 장군이
군사를 이끌고 개경을 함락
시키고, 목종을 폐위시킨
뒤, 새 임금(현종)을 옹립했
지요. 이 사건을 '강조의 정
변'이라고 부릅니다.

직접 40만 대군을 이끌고 양규 장군이 지키는 압록강 연안의 흥화진을 공격했습니다. 하지만 고려군의 완강한 저항으로 성을 점령하지 못하고 곧바로 서경을 거쳐 개경으로 진격했습니다. 이에 화들짝 놀란 고려의 현종8대은 나주까지 피난을 떠나야 했습니다.

결국 요나라 황제는, '고려의 임금이 직접 요나라로 가서 조공한다'는 약속을 받은 후에야 제 나라로 돌아갔습니다.

하지만 고려가 이 약속을 지키지 않자 요나라는 다시 고려를 공격해 왔습니다.1018년 이번에는 강감찬이 나섰습니다. 그는 압록강에서 멀지 않은 흥화진으로 달려갔습니다.

"요나라군은 틀림없이 흥화진 동쪽 대천지금의 삼교천을 지날 것이다. 상류를 소가죽으로 막고 강 양편에 군사를 매복시켜라!"

아니나 다를까, 요나라 장수 소배압은 10만의 군사를 이끌고 대천을 건너기 시작했습니다. 이때를 기다려 강감찬은 소가죽을 터트려 수공물로 공격하는 것을 펼쳤습니다. 당황한 요나라 군사들은 어쩔 줄을 몰라 우왕좌왕했고, 매복해 있던 고려군은 일시에 공격을 퍼부었습니다. 고려군의 대승이었습니다.

이후 벌어진 전투에서도 요나라군은 변변한 승리를 거두지 못했습니다. 그럼에도 불구하고 소배압은 고집스럽게 개경을 향해 진군했습니다.

"장군! 지금 개경은 고려의 정예 부대가 물 샐 틈 없이 지키고 있다고 합니다."

그 말에 소배압은 행군을 멈추었습니다. 어찌하여 이긴다고 해도 양쪽 모두 피해가 클 것이 뻔했습니다. 게다가 겨울이 다가오고 있었지요. 하는 수 없이 소배압은 후퇴를 결정했습니다.

이 소식은 강감찬에게도 전해졌습니다. 강감찬은 주위의 모든 병력을 귀주 벌판으로 모으라 명령했습니다.

"장군! 요나라군은 말 타는 솜씨가 뛰어나 기병이 우수합니다. 이런 벌판에서 싸우는 것은 고려군에 절대로 불리합니다."

"아니오. 그 때문에 더더욱 요나라군은 기세 좋게 달려들 것이오. 게다가 우리 병력은 그 배가 되니 맞서 볼 만하오."

부하 장수의 말에 강감찬이 자신만만한 목소리로 말했습니다.

처음에는 좀처럼 승부가 나지 않았습니다. 그런데 얼마 후, 개경에 나가 있던 김종현의 부대가 가세하고 바람의 방향도 요나라군 쪽으로 바뀌었습니다. 이에 요나라 군사들은 사나운 바람 앞에 눈도 제대로 뜰 수 없는 상황이 되었지요. 반대로 바람을 등진 고려군은 효과적으로 요나라군을 공격할 수 있었습니다.

한나절의 전투가 끝났을 때, 살아남은 요나라군의 숫자는 고작 몇 천에 불과했습니다. 고려군의 대승이었지요. 이 전쟁을 귀주 대첩이라 불렀습니다.

소배압은 겨우 목숨만 건져 돌아갔습니다. 그런 소배압에게 요나라 황제는 노발대발했습니다.

▲ 귀주 대첩도

"네놈이 무슨 낯으로 얼굴을 들고 돌아왔느냐? 내가 네놈의
얼굴을 가린 후에 목을 벨 것이다!"

다행히 이후로 요나라는 고려를 침략하지 않았습니다.

여진을 물리치고 세운 동북 9성

요나라가 물러간 뒤, 고려는 숙종 임금15대 대에 이르기까지
한동안 평화로운 나날을 보냈습니다. 무엇보다도 고려가 요나라
를 물리침으로써 고려·송·거란 사이에 힘의 균형이 잡혔기 때
문이지요. 고려에 다시 전쟁의 기운이 감돌기 시작한 것은, 오래
도록 고려를 '부모의 나라'로 여기며 살아오던 여진족 때문이었

습니다. 이들의 지도자 오아속은 두만강 일대를 차지하고 군사력을 키우고 있었습니다.

고려는 여진이 훗날 위협이 될지 모른다는 생각에 임간 장군을 보내 그들을 두만강 너머로 쫓아 보내도록 했습니다. 하지만 이 전투에서 임간 장군은 여진족의 보병에 크게 패하고 군사의 절반을 잃고 말았습니다. 뒤이어 윤관 장군이 달려갔지만, 가까스로 화친만 맺고 돌아왔습니다.1104년

윤관은 왕에게 건의했습니다.

"폐하! 여진의 군대는 기동성이 뛰어난 기병이 주축을 이루고 있습니다. 우리 고려군도 기병이 중심이 되는 군대를 따로 만들지 않으면 안 될 것이옵니다."

그 말에 따라 별무반이 편성되었습니다. 별무반은 신기군기병으로 구성한 부대, 신보군보병으로 구성한 부대, 항마군승려로 구성한 부대을 통틀어 이르는 말이었습니다.

이윽고 별무반의 조직과 훈련이 모두 끝난 1107년, 윤관은 별무반 군사 17만을 이끌고 여진족 토벌에 나섰습니다.

일단 윤관은 정주성에 도착해 국경 너머의 여진

▲ 윤관 장군

별무반은 군사를 어떻게 모았어요?
별무반은 여진족을 토벌하기 위하여 만든 임시 군대 조직이었습니다. 별무반에는 고려 백성들이 모두 의무적으로 가담해야 했어요. 평민은 물론 상인과 노비까지 징집의 대상이었지요. 특히 이 중에서 말을 가진 자는 말과 함께 입대하여 신기군에 소속되게 하였습니다. 뿐만 아니라 스님들도 별무반에 입대해야 했는데, 그들 부대를 항마군이라 불렀지요.

▲ 척경입비도. 여진을 정벌하고 비를 세우는 고려군의 모습이에요.

족 추장들을 유인해 몰살하고, 그들의 본거지로 진군했습니다. 위기에 몰린 여진족의 저항도 만만치 않았습니다. 하지만 윤관은 부하 장수 척준경과 함께 여진의 마을을 차례차례 휩쓸어 마침내 100여 개가 넘는 마을을 빼앗았습니다.

윤관은 더 욕심을 냈고, 북쪽으로 진출하여 곳곳의 여진족 마을을 쑥대밭으로 만들었습니다. 이때 윤관은 여진족의 매복에 걸려 위기를 맞기도 했지만, 마침내 여진으로부터 빼앗은 땅에 9개의 성을 차례로 쌓았습니다. 함주, 영주, 웅주, 길주, 복주, 공험진, 그리고 의주, 통태진, 평융진이 그곳이었지요. 이 9개의 성을 동북 9성이라 불렀습니다.

하지만 삶의 터전을 잃은 여진은 이후에도 9성 주위를 떠돌며, 특히 가장 북쪽에 있던 길주와 영주, 공험진을 자주 공격했습니다. 그리고 한편으로는 사신을 보내 간곡히 고려 조정에 부탁을 했습니다.

"만약 우리에게 9성을 되돌려 주신다면, 우리는 자손 대대로 고려에 조공할 것이며, 고려를 상국으로 받들 것입니다."

고려 조정은 깊은 고민 끝에 동북 9성을 다시 여진에게 돌려주기로 했습니다. 여러 의견이 많았지만, 무엇보다 동북 9성은 중앙으로부터 거리가 먼데다가 계속되어 온 전투로 병사와 백성들도 지쳐 있었습니다. 또 요나라와 적대하고 있는 터에 힘을 분산시킬 것이 아니라, 여진족을 다독여 적당한 관계를 유지한다면 그 또한 좋은 전략일 듯싶었지요.

하지만 이 9성이 정확히 어디에 있었는지는 의견이 분분하지요. 두만강 이북에 있었다는 설이 있는가 하면, 함경도 일대라고 하는 학자들도 있답니다.

이자겸의 난과 묘청의 난

국경은 한동안 잠잠했습니다. 여진은 그 후, 크게 번성하여 '금'을 세우고1115년 오히려 고려를 동생의 나라로 취급하기 시작했습니다.

"한때는 우리 여진이 고려를 부모의 나라로 섬겼으나, 모두 지나간 일이오. 이제 고려도 태양처럼 솟아오르는 우리 금나라의 요구에 따라야 하오. 고려는 앞으로 우리 금나라를 형의 나라로 여기고 조공을 바치시오."

자존심이 상한 고려의 조정에서는 금나라를 정벌해야 한다는 이야기가 오갔지만, 그럴 수 없었습니다. 금나라는 요나라까지 멸망시키고 중국 땅 대부분을 차지하고 있었으니까요. 그 때문에 고려는 금나라에 신하의 예를 갖추면서, 이 혼란기를 이용해 한때 요나라 땅이던 신의주 일대를 차지했습니다.

이런 중에 왕실에서는 인종17대의 외척인 이자겸이 자신의 권세를 믿고 나랏일을 마음대로 농단가장 유리한 위치에서 이익과 권력을 독차지한다는 뜻하고 있었습니다. 애초에 이자겸의 인주 이씨 가문은 이자연이 자신의 세 딸을 문종에게 시집보낸 이래 약 80여 년 동안 크게 세력을 떨치고 있었어요. 이자겸도 자신의 딸들을 예종에 이어 인종에게 시집보냈지요. 그럼으로써 막강한 권력을 갖게 된 이자겸은 부정한 방법으로 재산을 모으고, 뇌물을 받고 벼슬자리를 나누어 주기도 했습니다.

인종은 위협을 느끼고 이자겸을 없애려 했지만, 계획이 탄로나 오히려 별궁에 갇히는 신세가 되고 말았지요. 이자겸은 장수 척준경을 시켜 반대 세력을 모조리 죽이고 내친김에 왕이 되려고 마음먹기도 했습니다. 하지만 인종이 가까스로 척준경을 설득시켜 이자겸 일파를 몰아냄으로써 왕실을 겨우 지켜 낼 수 있었습니다. 결국 두 왕비도 궁에서 쫓겨나는 신세가 되고 말았지요.

이자겸은 어떻게 권력을 유지했나요?
이자겸은 자신의 셋째 딸을 인종에게 시집보낸 뒤, 또다시 넷째 딸마저 그에게 시집보냈습니다. 그런데 이미 인종의 아버지인 예종이 이자겸의 둘째 딸과 혼인해 인종을 낳았으므로 이자겸의 다른 딸들은 사실상 인종의 이모들이었습니다. 그런데 이자겸이 반강제로 자신의 딸을 또다시 인종에게 시집보냈던 것이지요. 결국 인종은, 이모들과 혼인한 셈이었습니다.

이런 일을 거치면서 왕실의 권위는 땅에 떨어졌습니다. 그렇지 않아도 대외적으로 금나라까지 고려를 업신여기고 있는 터였으니까요. 마침내 백성과 일부 신하들 사이에서는, '개경의 기운이 다했기 때문이오!'라는 말이 떠돌기 시작했습니다.

이런 터에 서경 출신의 스님 묘청이 정지상 등의

관리들과 함께 인종에게 간곡히 청했습니다.

"폐하! 고려를 황제국이라 칭하고, 독자적인 연호를 사용하십시오. 또한 금나라를 정벌하여 고려의 권위를 되찾아야 합니다."

아울러 묘청은 서경에 궁궐을 짓고 왕이 거처하면 금나라가 스스로 항복하고, 주변의 나라도 머리를 조아릴 것이라고 말했습니다. 도읍을 옮기자는 뜻이 담겨 있는 말이었지요. 그럼으로써 개경에 기반을 둔 문벌 귀족의 힘을 약화시키겠다는 뜻도 내포되어 있었습니다.

이 말에 솔깃한 왕은 서경에 궁궐을 짓게 했습니다. 그리고 1년 만에 궁궐이 완성되자 서경으로 행차했습니다. 하지만 행차 도중 왕이 탄 가마가 진흙탕에 빠지고, 궁궐이 불타는 등 불길한 일이 거듭되었습니다. 이 틈을 타서 김부식을 비롯한 개경 출신 문벌 귀족들이 서경 천도를 강력히 반대했지요. 권력을 이미 손에 꽉 쥐고 있는 문벌 귀족의 입장에서야 이게 당연했어요. 문벌 귀족이 쥔 힘의 토대는 개경 지방을 중심으로 만들어진 것이었으니까요. 이들은 또 서경파가 주장하는 북진 정책도 반대했어요. 자신들이 누리는 권력을 안정적으로 유지하려면, 금나라와 척을 지느니 친하게 지내는 게 좋다고 생각했던 것이지요. 결국 문벌 귀족의 반대 끝에 왕은 서경 천도를 포기해야 했습니다.

김부식은 어떤 사람이에요?
김부식은 신라 경주 출신으로 귀족의 후예지요. 그의 형제 모두 과거에 급제해 벼슬을 얻었고, 김부식 또한 학문이 깊었습니다. 그런 덕분에 예종의 스승이 되어 임금을 가르치기도 했습니다. 이후 차츰 벼슬이 높아져 묘청의 난을 진압한 후에는 문하시중(조선 시대의 영의정과 같은 벼슬)이 되어 최고의 권력을 누렸습니다.

결국 묘청은 반란을 일으켰습니다. 1135년 그는 서경을 근거지로 나라를 세우고 '대위국'이라는 이름까지 지었습니다. 그리고 인종에게 사람을 보내, '서경으로 납시어 황제의 자리에 오르소서!'라는 글까지 올렸습니다.

이에 고려 조정에서는 김부식을 최고 책임자로 하는 토벌군을 꾸려 서경을 공격했습니다. 처음에는 치열한 싸움이 벌어졌지만, 묘청이 부하에게 죽임을 당함으로써 반란은 오래지 않아 진압되었습니다.

훗날 역사학자 신채호는 묘청의 난을 '우리나라 역사 1천 년

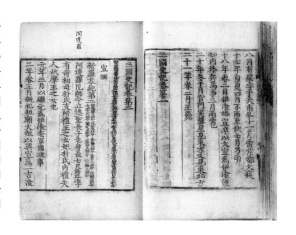

▶ 『삼국사기』. 묘청의 난을 제압한 김부식은 얼마 후 인종의 명을 받고 『삼국사기』 편찬에 착수했습니다. 『삼국사기』는 삼국 시대 역사를 정리한 책인데 일부 학자들로부터 신라만을 두둔했다며 비판받기도 하고, 상당히 객관적인 책이라고 호평받기도 합니다. 『고기』, 『신라고사』, 김대문의 『화랑세기』, 최치원의 『계림잡전』을 비롯한 국내 역사책과 『삼국사기』, 『후한서』, 『위서』, 『진서』, 『구당서』, 『신당서』와 같은 중국의 역사책을 참고하여 집필했다고 합니다.

동안 있었던 가장 큰 사건'이라고 부르며 높이 평가했습니다. 신채호는 묘청의 난이 실패하면서 고려가 사대주의에 물든 채 약소국으로 전락했다고 생각한 것이었어요.

김부식은 반란을 진압한 공로로 문하시중이라는 최고의 벼슬을 받았습니다. 묘청의 난 이후, 권력은 김부식을 중심으로 한 문벌 귀족들에게 더욱더 모아졌습니다. 김부식은 문벌 귀족을 아우르며 왕을 압박하여 행동까지 규제했지요.

무신들의 반란

인종의 뒤를 이어 의종18대이 왕위에 올랐을 때는 고려 왕실의 권위가 더욱더 약해져 있었습니다. 의종은 이런 틈바구니에서 정치에 뜻을 잃고, 오락에 빠져 지냈습니다. 그는 백성의 땅을 사사로이 빼앗아 정자를 짓고, 화초를 키우는가 하면 인공 폭포까지 만들어 술자리로 삼았습니다. 그리고 툭하면 신하들을

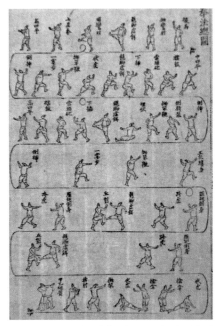
▲ 조선 후기에 편찬한 『무예도보통지』에 실려 있는 수박희의 동작이에요.

앞세우고 궁궐 밖으로 놀러 다니는 일에 골몰했습니다.

이에 가장 불만이 많았던 사람들은 무신들이었습니다. 무신들은 왕을 호위하며 시도 때도 없이 나들이 행차를 따라다녀야 했는데 이때 술 한 모금, 밥 한술 즐기기가 어려웠습니다. 반면 문신들은 왕이 사치를 부리는 동안 곁에서 먹고 마시고 즐기며 잔뜩 혜택을 보았지요. 무신들의 마음속에는 충분한 보답을 받지 못하고 차별받고 있다는 불만이 차곡차곡 쌓여 갔어요.

그러던 1170년 8월의 어느 날, 의종은 문신들을 거느리고 나들이를 나섰습니다. 가는 도중, 지루함을 참지 못한 의종은 행렬을 멈추게 하고 무신들로 하여금 오병수박희를 겨루게 했지요. 5명이 무예를 겨루는 놀이였습니다. 그런데 이때, 대장군 이소

정중부는 김부식의 아들과 무슨 일이 있었나요?
인종 말엽, 김부식의 권세는 하늘을 찌를 듯했습니다. 그의 아들 김돈중은 아버지만 믿고서 안하무인으로 행동하곤 했는데, 하루는 왕의 근위대장이었던 정중부의 수염에 불을 붙여 그을리게 했지요. 이에 정중부가 김돈중을 묶어 혼을 내자 오히려 김부식은 자초지종은 묻지도 않고 되레 정중부를 파직시키려 했습니다. 왕이 몸소 중재해서 큰 탈 없이 사건이 일단락되었지만, 이후 문신과 무신 사이의 갈등이 심해질 건 불 보듯 뻔했지요.

응이 부하들을 격려하기 위해 나섰다가 젊은 장수에게 밀려 나동그라졌습니다. 이것을 본 문신 한뢰가 "네가 그러고도 대장군이냐"고 놀리며 이소응의 뺨을 후려갈겼습니다.

'아! 저 한뢰라는 자가 왕의 총애를 받는 신하라지만 어찌 대장군의 뺨을 때린단 말인가? 더 이상 문신들의 횡포를 보고 참을 수가 없구나!'

그렇지 않아도 문신들에 대한 불만에 가득 차 있던 정중부는, 이의방, 이고 등 무신 장수들과 함께 반란을 일으켰습니다. 그들

▲ 폐왕성. 의종이 유배 당시 복위를 노리면서 거제에 쌓은 성이에요.

은 보현원으로 한뢰를 끌어내 목을 베었고, 특히 정중부는 오래 전 자신의 수염을 놀림감으로 삼았던 김부식의 아들 김돈중을 찾아내 죽였습니다.

또한 궁궐로 달려가 닥치는 대로 칼을 휘둘렀습니다.

"궁궐을 뒤져 문신의 관을 쓴 자들은 모두 찾아내 목을 베라!"

이어 정중부는 의종을 거제도로 유배 보낸 뒤, 그의 동생을 왕위19대 명종에 앉혔습니다. 무신 정권 시대가 온 것이지요.무신정변

고려 조정은 극도의 혼란 속으로 빠져들었습니다. 처음에는 반란 후 좌승선에 임명되었던 이의방이 자신의 딸을 태자비로 만들며 권력을 쥐는 듯하더니, 멋대로 권력을 휘두르다가 정중부의 아들 정균에게 살해당했습니다. 그리하여 정중부와 정균 부자가 잠시 최고의 실력자가 된 듯했지만, 그들은 경대승에게

죽임을 당했습니다. 이어 실권을 장악한 경대승은 문신과 무신을 가리지 않고 고루 등용하며 조정의 혼란을 수습하려 했지만 병으로 일찍 세상을 떠났습니다. 그러자 이번에는 천민 출신의 무인 이의민이 무신 정권의 우두머리가 되었습니다.

이러한 일들이 벌어지는 동안 지방에서는 끊임없이 반란이 일어났습니다. 서경 유수 조위총이 정중부와 이의방을 없앤다는 명목으로 난을 일으켰다가 진압되었고1174년, 공주 명학소에 살던 천민 출신의 망이·망소이가 배고픔과 신분 차별에 대항해 민란을 일으키기도 했습니다.1176년 그런가 하면 개경 한복판에서도 노비 만적이 '왕후장상의 씨가 따로 있느냐?'면서 난을 일으키려다 밀고로 실패하는 사건이 벌어졌습니다.1198년

이렇게 조정 안팎의 평지풍파를 잠재우고 마지막으로 권력을 잡은 사람은 최충헌이었습니다. 그는 교정도감이라는 정치 기구를 만들어 관리들을 안팎에서 감시하고 누가 반란을 도모하는지 감시했습니다. 또한 자신과 가족을 지키고 보호하는 부대도방, 경대승이 처음 만든 사병 기구로, 무신 집권 시기 최고의 권력 기관이었던 '중방'의 힘을 약화시켰다를 따로 만들기도 했습니다. 그 뒤를 이어 최충헌의 아들 최우는 자신의 집에 정방을 설치하여 나라의 관리를 제멋대로 심사하고 임명하였습니다. 또한 자신에게 충성하는 무인 집단을 만들어 곁에 두었지요. 이렇게 최씨 무신 정권은 4대에 걸쳐 60년 동안 계속되었습니다. 그러는 동안 백성들의 삶은 엉망진창이 되어 버렸습니다.

고려는 불교를 국교로 삼았기 때문에, 이전의 어떤 나라보다 불교와 가까운 나라였어요. 부처님을 향한 믿음과 소망 의식을 여러 가지 방법으로 담아냈지요. 그리하여 곳곳에 절을 짓고, 탑을 세웠으며, 종을 만들고 불경을 인쇄했지요. 이런 일은 귀족이나 관료 들을 포함해서 거의 전 계층이 참여하곤 했어요. 불화도 고려의 이런 생각을 잘 나타내 주는 예술 작품이지요. 특히 고려 불화는 매우 우아하고 귀족적인 미술품으로 아주 품격 있는 문화재랍니다.

『화엄경』 그림 『화엄경』의 내용을 각 권의 첫 머리에 압축하여 묘사한 것이에요.

오백나한 중
열다섯 번째 아시다 존자

'나한'이란 말은 '아라한'을 줄여
서 부르는 말이에요. 석가모니의 가르
침을 받고 깨달음을 얻은 최고 권위에 오른 성
자를 뜻하지요. 이 그림은 의자에 앉아 있는 존자가
제자와 서로 문답을 나누고 있는 모습이에요.

수월관음도

관음보살을 그린 그림이에요. 관음보살은 세상의 소
리에 귀를 기울여 어려움과 고통에 빠진 중생을 자비
로써 구한다고 해요.

지장시왕도

지장보살과 시왕을 그린 그림이에요. 지장보살은 중생을 구
제하고 교화한다는 보살이지요. 시왕은 죽은 사람을 재판
한다는 10명의 대왕을 말해요.

몽골의 침략

몽골군이 온다! ❋ 고려가 무신 정권 시대를 맞아 혼란을 겪고 있을 때, 북방에서는 몽골의 칭기즈 칸이 중국 땅을 정복하고 서역으로 뻗어 나가고 있었습니다. 동쪽의 비단길을 장악하고 있던 '서하'부터 서쪽으로는 러시아의 가장 큰 도시 키예프까지, 무서운 속도로 유라시아 대륙을 휩쓸고 있던 그들이 고려에도 손을 뻗쳤습니다.

고려에 왔던 몽골의 사신 저고여가 귀국길에 압록강변에서 살해당한 사건이 일어났는데, 그것을 두고 몽골은 고려에서 한 짓이라고 윽박지르는 것이었습니다. 정황으로 보아 금나라가 고려와 몽골을 이간질시키기 위해 꾸민 짓이 틀림없었지만, 몽골에서는 외교 관계를 끊고, 마침내 고려를 침략했습니다.1231년

장수 살리타를 앞세운 몽골군은 기마 전술에 능하여 순식간에 국경을 넘고 고려의 성 곳곳을 파괴하면서 개경을 향해 진격했습니다.

여러 곳에서 고려군이 맞서 보았지만, 변변한 승리 한번 해
보지 못했습니다. 몽골군은 잔인하기로 악명이 높았는데, 이를
두려워한 상당수의 고려 군사들은, '몽골군이 온다!'는 소리만
듣고도 항복했습니다.

김경손의 귀주성 전투 ✺ 하지만 그토록 용맹하고 잔인한 몽
골군도 박서와 김경손이 버티는 귀주성만큼은 열지 못했습니다.
몽골군이 화살을 쏘아 대면 숨어 있다가 그 화살을 다시 쏘아
공격했고, 땅굴을 파고 성안에 진입하려 하자 쇳물을 끓여 땅굴
에 들이부었습니다. 몽골군은 불이 꺼지지 않도록 장작에 기름
을 붙여 성안으로 던지기도 했는데, 이럴 때는 진흙을 개어 불
을 끄며 버텼습니다. 그런가 하면, 몽골군이 잠시 공격을 멈추고

▲ 전투 중인 몽골 병사

쉬고 있을 때는 김경손이 결사대를 이끌고 나가 기습 공격을 퍼
붓기도 했습니다.

그렇게 한 달을 버텼습니다. 안되겠다 싶었는지, 몽골군은 포
로로 잡은 고려 장수를 데려와 성 앞에서 외치게 했습니다.

"항복하시오. 항복하면 목숨만은 살려 줄 것이오."

그러자 김경손은 고려 장수의 목을 베어 몽골군에 보냈습니
다. 결국 살리타의 몽골군은 귀주성을 그대로 둔 채 개경으로 발
길을 돌렸습니다.

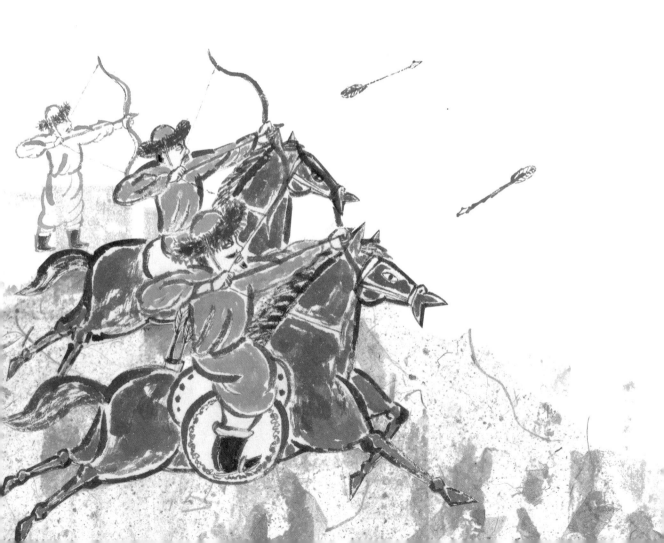

몽골군은 압록강을 넘은 지 불과 넉 달 만에 개경을 포위했습니다. 그리고 고려의 조정에 몽골 사신이 살해당한 책임을 지라고 요구했습니다. 하는 수 없이 고려 조정에서는 왕족인 회안공을 보내 머리를 조아렸습니다.

"그간 우리 고려가 몽골에 소홀하였으니 황금과 백은을 예물로 내놓을까 합니다. 앞으로는 형제 사이가 되기로 한 약속을 굳게 지킬 것이며 해마다 조공을 하겠습니다."

그러자 몽골군은 고려의 서북쪽 성 40곳에 다루가치를 남겨 두고 돌아갔습니다.

다루가치가 뭐예요?
몽골말로 '속박하는 사람'이라는 뜻이에요. 고려 성에 다루가치를 두었다는 것은, 몽골인이 총독이 되어 이 지역을 다스렸다는 뜻이지요.

▲ 강화성

하지만 그것으로 끝이 아니었습니다. 몽골은 왕과 신하들의 자식을 볼모로 보낼 것을 강요했고, 뿐만 아니라 지나치게 많은 공물을 요구했습니다. 이에 분개한 무신 정권의 우두머리 최우는 몽골과 끝까지 싸울 것을 결심했습니다.

"우선 궁궐을 강화도로 옮길 것이니 서둘러 강화도에 궁궐을 짓고 폐하와 신하들을 강화도로 피신시키도록 하라!"

그것은 몽골군이 해상 전투에 약하다는 점을 알고서 짜 낸 전략이었습니다. 뿐만 아니라 섬 주변은 대부분 갯벌이어서 몽골 기병이 움직이기에는 몹시 어려웠지요.

마침내 최우는 몽골에서 파견한 다루가치를 죽이고 강화도로 옮겨 갔습니다.

하지만 그것은 몽골군이 두 번째로 고려를 침략하는 원인이
되고 말았습니다. 몽골은 고려의 임금에게 다시 개경으로 돌아
올 것을 강요하면서 또다시 군사를 보냈던 것이지요.

김윤후의 처인성 전투 🌸 1232년, 몽골군은 다시 고려의 국경
을 넘었습니다. 그들은 고려 조정에 개경 환도를 요구하며 마을
곳곳을 불태우고 약탈했습니다. 그들은 일부 병사
로 개경을 포위하고, 장수 살리타를 앞세워 선봉군
이 남으로 내려갔습니다.

환도가 뭐예요?
도읍을 원래 있던 곳으로
되돌리는 것을 말해요.

▼ 처인성 전투도

이때, 충주로 가는 길목의 처인성에서 승려 김윤후가 몽골군을 맞았습니다. 그는 백성들을 이끌고 성에서 진을 치고 있다가 날쌘 병사들을 데리고 나가 적장 살리타를 활로 쏘아 죽였습니다. 그러자 몽골군은 우왕좌왕하다가 후퇴했습니다. 이후에도 김윤후는 방호별감이라는 벼슬을 받아 충주성에서 또다시 몽골군과 맞서 70여 일이나 싸웠습니다. 마침내 식량과 무기가 모두 떨어지고 군사와 백성 들이 사기를 잃자, 김윤후는 외쳤습니다.

"힘껏 싸우면 신분을 가리지 않고 벼슬을 내리겠다!"

실제로 그는 노비 문서를 불태우고 말과 소를 나누어 주었는데, 이 덕분에 김윤후는 마지막까지 성을 잃지 않고 지켜 낼 수가 있었답니다.

팔만대장경 ✸ 그러나 1235년, 이번에는 당올테를 앞세운 몽골군이 다시 고려를 침략하였고, 1239년까지 전쟁을 벌였습니다. 몽골군은 고려의 마을을 누비며 약탈과 살인을 서슴지 않았고, 문화재까지 불살라 버렸습니다. 이렇게 여러 전쟁이 벌어지는 동안, 부인사에 보관해 오던 초조대장경과 속대장경의 대장경판과 황룡사 9층 목탑 등이 불에 타 재만 남았습니다.

이 소식을 전해 들은 조정에서는 대장도감이라는 기구를 만들어 다시 한 번 대장경을 만들기 시작했습니다.

"부처님의 힘으로 나라를 구해야 합니다!"

몽 골

귀주성 전투
1232

고려장성

길주

인주
(신의주) 의주   귀주
철주   태주   영주
광주 정주   개주
안북부   자주
성주
(성천)
함종   서경   곡주
용강   상원   동주
(서흥)
황주
신주   개경
해주   동주
(철원)
웅진   염주   강화도
(연안)
창린도

함주
(함흥)

문주
변주
(안변)
철령

양주

명주(강릉)

처인성 전투
1232

고 려

충주성 전투
1253

고려의 강화 천도
1232

남경
광주 처인성
인주   수주
(인천)   박달현
아주연안   죽주
온수   (안성)   충주
직산   충주산성
대흥   (천안)
(예산)신창   청주   상주
(아산)   상주산성
공주

부인사 초조대장경 불탑
1232

황룡사 9층탑 불탑
1238

안동

전주
고란사
부안

입암산성
해양
(광주)
압해도   나주

대구   동경
(경주)

상주
상주산성

진주
남해도

동래

거제도

쓰시마 섬

━━ 1232년 침입로
━━ 1235~1239년의 침입로
━━ 1254~1259년의 침입로
✳ 주요 격전지
● 당시 주요 지명

진도

제주

대장경은 부처님이 적의 침략을 막아 주기를 비는 마음으로 나무판에 불교의 경전을 새긴 것이었습니다. 그것은 무려 6082권 분량이 되는 8만 1137장이었고, 5200만 자가 넘는 어마어마한 일이었습니다.

그러나 이 같은 노력에도 불구하고 몽골군의 침략은 이후에도 여러 번 반복되었습니다. 그들은 모두 여덟 차례에 걸쳐서 군대를 내려보내 고려의 마을을 짓밟고 돌아갔습니다.

삼별초의 항쟁

거듭된 전쟁으로 가장 지친 사람들은 백성들이었습니다. 농사지을 땅은 황폐해졌고, 그나마 겨우 수확한 농작물은 세금으로 바쳐야 했지요. 나중에는 세금으로 바칠 쌀조차 바닥나 버리고 말았습니다.

마침내 강화도의 고려 조정도 위기를 겪게 되었습니다. 관리들은 굶주렸고, 임금의 밥상조차 부실해지기 시작했습니다. 그러자 왕과 일부 신하들은 몽골에 항복하여 전쟁을 끝내기로 결심을 굳혔습니다.

1259년, 고려의 태자 훗날 원종 임금 는 이 뜻을 전하기 위해 몽골의 쿠빌라이 칸을 찾아가 강화 싸움을 그치고 평화로운 관계를 맺는 것 의 뜻을 전했습니다.

"옛 당 태종이 몸소 쳐들어가고도 항복을 받지 못했는데, 이

제 세자가 스스로 왔으니 이는 하늘의 뜻이로다!"

쿠빌라이 칸은 태자를 극진히 대접하고, 몽골군을 압록강 북쪽으로 철수하게 했습니다.

고려로 돌아온 태자는 왕위24대 원종에 올랐고, 한 번 더 쿠빌라이 칸을 만나고 돌아온 뒤, 신하들에게 도읍을 다시 개경으로 옮길 것을 명령했습니다. 무신들의 반대가 있었지만 차근차근 진행되었습니다. 하지만 마지막까지 이를 반대하는 사람들이 있었습니다. 다름 아닌 삼별초였습니다.

그들은 두 가지 걱정에 휩싸였습니다. 하나는 개경으로 다시 도읍을 옮기는 것은 완전한 항복을 뜻하는 것이므로 자존심이 허락하지 않는다는 것이었어요. 또 하나는, 삼별초가 무신 정권의 무력 기반이었던 터라 도읍을 옮긴 후에는 자신들의 입지를 지키기 어려우리라는 생각이 들었던 것이지요. 더구나 원종은 삼별초 부대원의 명부를 가져오도록 명령을 내려둔 상황이었어요. 그러므로 삼별초는 개경으로 돌아갈 수 없다고 판단했습니다.

마침내 배중손을 중심으로 한 삼별초 병사들은 몽골과 끝까지 싸우겠노라고 선언했습니다.1270년 이어 삼별초는 왕족인 승화후 온을 새로운 왕으로 내세우고 1000척의 배를 동원해 진도로 근거지를

삼별초가 뭐예요?

삼별초는 무신 정권 시대에 조직되었습니다. 도둑 떼를 막고 개경을 지키기 위해 특수 군대를 조직했는데, 그것의 이름이 야별초였습니다. 그런데 시간이 지날수록 도둑 떼가 더 늘어나자 야별초 군사들을 더 많이 뽑고, 이 부대를 둘로 나누었습니다. 하나는 좌별초, 또 하나는 우별초였습니다. 그 이후, 몽골과의 전쟁을 치르면서 포로로 잡혔다가 돌아온 병사들로 또 하나의 부대를 만들어 신의군이라 했습니다. 삼별초는 좌별초와 우별초, 그리고 신의군을 합쳐서 부르는 말입니다.

옮겼습니다.

진도에 도착한 삼별초는 먼저 성과 궁궐을 쌓고 해안의 여러 지역 사람들에게 동참할 것을 호소했습니다. 그러자 상당수의 사람들이 삼별초의 뜻에 동조를 표시했습니다.

이에 고려 조정에서는 고려와 원나라 연합군을 보내 삼별초를 공격케 했습니다. 첫 전투에서는 김방경이 이끄는 여·원 연합군이 보기 좋게 패했습니다. 그런데 이즈음, 나라 곳곳에서는 묘한 소문이 돌기 시작했습니다.

원나라가 어디예요?
1271년, 중국 본토를 중심으로 거대한 제국을 설립한 몽골국의 국호가 바로 '원'이었어요.

"진도에 있는 임금이 진짜 임금이다! 개경에 있는 임금 원종은

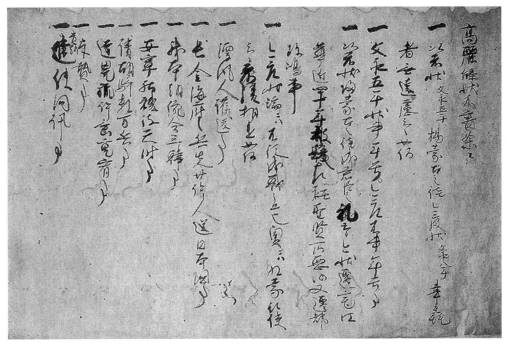
▲ 삼별초가 일본에 보낸 문서예요.

가짜다!"

그런 덕분에 삼별초는 힘을 얻었고, 한때는 서부 해안을 장악하며, 안남도호부지금의 경기도 부천까지 진출하여 몽골과 고려 조정을 당황시켰습니다. 또한 일본에 서신을 보내 도와줄 것을 요청하기도 했습니다.

이 소식에 화가 난 몽골 조정에서는 홍다구를 연합 사령관으로 임명하고 배 160척과 6000의 군사를 보내 삼별초를 토벌하도록 명령했습니다.

마침내 진도에 상륙한 토벌군은 삼별초 병사들을 가차없이 베었습니다. 이때 삼별초의 지도자 배중손도 화살에 맞아 숨을 거두었습니다. 1만 명의 군사와 백성 들이 토벌군의 포로로 붙잡혔고, 군량미만 4000석을 빼앗겼습니다. 뿐만 아니라 임시로 왕위에 올랐던 승화후 온 역시 살해되고 말았습니다.

살아남은 삼별초는 김통정의 지휘 아래 탐라도제주로 근거지를 옮겼습니다. 조정에서는 투항을 권하며 사신을 보냈지만, 김통정은 이들마저 죽여 버리고 전투를 준비했지요.

또다시 1만의 토벌군이 제주도에 상륙했습니다. 진도에서보다 더 잔인한 전투가 벌어졌습니다. 절대적으로 불리한 군사들의 수에 삼별초는 완전히 기세가 꺾이고 말았습니다.

김통정은 더 이상 버틸 수 없음을 깨닫고 70여 명의 부하를

홍다구는 어떤 사람이에요?
홍다구는 원래 고려 사람이었습니다. 그의 아버지는 몽골의 1차 침략 때, 가장 먼저 몽골에 항복해 몽골의 앞잡이가 된 사람이었습니다.

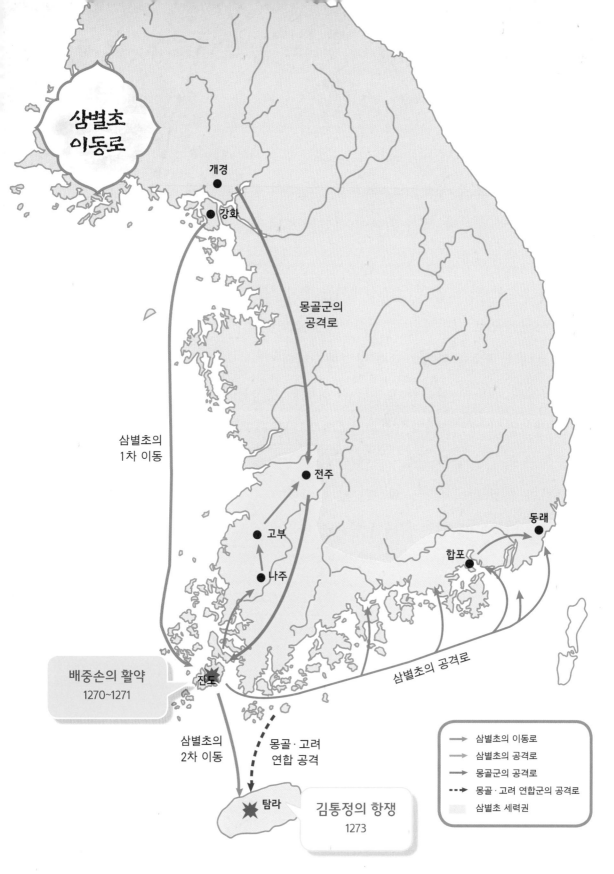

삼별초
이동로

개경

강화

몽골군의
공격로

삼별초의
1차 이동

전주

고부

나주

동래

합포

배중손의 활약
1270~1271

진도

삼별초의 공격로

삼별초의
2차 이동

몽골·고려
연합 공격

탐라

김통정의 항쟁
1273

→	삼별초의 이동로
→	삼별초의 공격로
→	몽골군의 공격로
┅►	몽골·고려 연합군의 공격로
▨	삼별초 세력권

▲ 남도석성. 진도에 있는 이 성은 삼별초의 항전지로 유명해요.

데리고 급히 한라산으로 올라갔습니다.

이날이 1273년 4월 28일, 김통정은 부하들에게 마지막 유언을 남겼습니다.

"이제 고려의 운명이 다하였구나. 어떻게 백성들의 낯을 볼 것이냐. 죽음으로써 이 치욕을 씻겠노라."

김통정은 스스로 목숨을 끊었습니다. 이로써 삼별초의 저항도 막을 내렸습니다.

원나라에 시달리는 고려

사실상 원나라의 지배를 받게 된 고려는, 하물며 임금의 혼인마저도 마음대로 할 수가 없었습니다. 원나라의 쿠빌라이는 원

종의 뒤를 이어 왕위를 이을 왕자충렬왕를 데려다가 자신의 딸 제
국대장 공주와 혼인시켰습니다. 이때를 시작으로 고려의 임금은
무조건 원나라 공주와 혼인해야 했습니다.

그뿐만이 아니었습니다. 고려의 왕은 원나라 황제의 입맛에
따라 하루아침에 폐위되거나, 혹은 폐위되었다가 다시 왕이 되
는 일도 있었습니다.

1298년, 충렬왕 25대이 갑자기 왕위에서 물러났는데, 그 이유
가 새로 원나라 황제가 된 성종이 충렬왕을 달가워하지 않아서
였습니다. 그 때문에 충선왕 26대이 왕위를 이었습니다. 하지만
충선왕 역시 8개월 만에 물러나야 했습니다. 이번에는 부인인
계국대장 공주와 사이가 좋지 않은데다, 충선왕이 추진하려는

▲ 삼별초의 난이 진압된 후 고려와 몽골군은 일본군을 공격했는데, 이 무렵의 고려군 모습이에요.

일들이 친원파 관리들의 마음에 들지 않아서였지요. 그 때문에 다시 충렬왕이 왕위에 올랐습니다.

이어 충숙왕27대도 권력 다툼으로 폐위되어 충혜왕 28대에게 왕의 자리를 넘겨주었다가, 이번에는 충혜왕이 정사를 돌보지 않는다는 이유로 폐위되는 바람에 다시 왕위에 오르기도 했습니다. 물론 충혜왕도 충숙왕이 죽은 뒤 또 한 번 왕위에 올랐지요. 이런 배경에는 물론 원나라가 있었습니다.

그런데다가 고려에는 또 다른 '왕'이 한 명 더 있는 격이었습니다. 고려와 원나라의 두 도읍은 무척 먼 거리에 있었습니다. 그 때문에 원나라 황실은 고려를 빈틈없이 감시하기 힘들었지요. 그래서 원나라는 자신들에게 충성심이 강한 왕족 중의 하나를 볼모로 심주·요양 지방에 머무르게 했습니다. 이 지역은 고려와 원나라 도읍의 중간쯤이었지요.

원나라 황실은 그를 통해 고려 왕실의 움직임을 보고받았습니다. 바로 이 왕족을 심왕이라 불렀습니다. 심왕은 원나라 황실로부터 신임을 얻었고, 그 권한도 막강하여 심왕의 한마디에 따라서 고려 국왕이 위기에 처하거나 원나라로 불려가 고초를 당하기도 했습니다.

▲ 경천사지 10층 석탑. 고려 충목왕 때 고려와 원나라 황실의 안녕과 번영을 기원하여 세운 석탑이에요.

원나라 황제의 비가 된 고려 여인이 있었나요?

공녀로 끌려간 여인들은 대부분 원나라 왕실에서 시중드는 일을 했는데, 특이하게 황제의 후비가 된 인물이 있었습니다. 바로 기씨였는데, 아들을 낳아 황태자의 자리에 오르게 하고는 훗날 제1황후가 죽자 뒤이어 황후에 올랐습니다. 그 덕분에 기씨 집안은 왕까지 흔들어 대며 권세를 누렸습니다.

뿐만 아니라 원나라는 왕실의 예법과 호칭까지도 신하의 나라에 맞게 바꾸라고 명령을 내려서, '폐하'라는 호칭 대신에 '전하'를, '태자' 대신에 '세자'라는 호칭을 써야 했습니다. 또한 고려의 왕이 죽으면 올리는 묘호도 '조'나 '종'을 붙이지 못하게 하고 대신 '충忠' 자를 넣게 했는데, 이것은 고려의 왕이 원나라에 충성했다는 의미에서 붙여진 것이었습니다.

그런가 하면 고려 사람은 누구나 몽골식의 변발과 호복을 강요당했고, 몽골의 풍습을 좇게 했습니다. 원나라는 고려에서 나는 인삼과 매, 말 등을 공물로 빼앗아 갔고, 심지어 젊은 여자들도 강제로 데려갔습니다. 특히 14세 이상 16세 이하의 여자들은 혼인을 하지 못하게 하기도 했습니다. 이 때문에 고려에서는 원나라에 딸을 빼앗기지 않기 위해 일찍 혼인시키는 풍속까지 생겨났습니다.

이런 중에 백성들은 권문세족들의 농장 늘리기에 동원되어 강제로 노역을 하거나 노비로 전락하는 일도 허다했습니다. 그들은 백성들에게 곡식을 빌려주고 높은 이자를 요구했고, 그것을 갚지 못하면 대신 땅을 빼앗는 방법으로 농장을 넓혀 나갔습니다.

겨우 조그만 땅이라도 가지고 있던 백성들마저도 높은 세금 때문에 힘들게 농사를 짓고도 굶주리는 일이 허다했습니다. 결국 수많은 백성들이 고향을 버리고 유랑민이 되기도 했습니다.

▲ 족두리

몽골의 풍습이 뭐였는데요?
몽골 풍습은 특히 의식용 복식에 큰 영향을 미쳤어요. 오늘날에도 전통 혼례를 살펴보면 이 흔적을 찾아볼 수 있어요. 신부의 머리에 쓰는 족두리, 또 뺨에 찍는 연지가 대표적이지요.

권문세족이 뭐예요?
대대로 높은 관직을 얻어 대물림하던 집안을 말해요.

고려는 지금의 팔만대장경을 만들기 전에도 이미 대장경판을 만들었답니다. 이때 만든 대장경판은 '초조대장경', 혹은 '초판고본대장경'이라 불렀지요. 현종 임금 때인 1011년부터 선종 임금 때인 1087년까지 77년간에 걸쳐서 만들어졌습니다. 이때는 거란족의 침입이 거듭되어 이들의 침략을 부처님의 힘으로 막아 보고자 만들었다고 해요. 그러나 대구 부인사에 보관되었던 이 대장경판은 몽골의 침입 때 황룡사 9층 목탑과 함께 불에 타 없어지고 말았습니다. 그런 뒤, 고려 사람들은 다시 불심으로 몽골의 침입을 막고자 대장경을 만들었던 것입니다.

전해지는 이야기에 의하면 나무를 바닷물에 3년간 담가 두었다가 소금물로 삶아서 건조한 후 경판을 만들었다고 합니다. 경판은 얼마 전까지 자작나무로 만들어진 것으로 여겨졌는데, 전자현미경으로 조사한 결과 산벚나무와 돌배나무로 만들어졌음이 확인되었습니다. 경판의 총 길이는 68~78cm 정도이며 폭은 약 24cm입니다. 두께는 2.7~3.3cm 사이이고 무게는 평균 3~3.5kg입니다. 가장 무거운 것이 4.5kg이라고 합니다. 경판은 한 면에 23행을 적었는데 한 행에는 14자씩 새겼

▲ 목판으로 찍은 대장경

습니다. 앞과 뒤를 모두 합해 총 644자를 새긴 셈이지요. 대장경
판은 모두 81,258판 1,511부 6,802권이며 현재 해인사 수다라
장과 법보전에 보관되어 있습니다.

그 후, 조선 세종 때는 왜인들이 사신을 보내 대장경을 달라며 생떼를
쓰기도 했고, 임진왜란 때에도 대장경을 빼앗아 가려 하다가, 곽재우와 조선의
의병들이 지켜 냄으로써 지금까지 남아 있게 되었습니다. 국보 제33호이자, 유네스
코가 지정한 세계문화유산입니다.

▲ 대장경판

해인사 장경판전

13장 | 흔들리는 고려

공민왕의 개혁 정책

'지금껏 고려는 원나라의 간섭과 통제로 임금은 왕노릇을 하지 못했고, 백성들은 고통에 시달렸구나. 더구나 바깥에서는 왜구가 침탈하여 백성들의 삶이 한낱 짐승만도 못한 처지가 되고 말았다.'

스물두 살의 젊은 나이에 왕위에 오른 공민왕31대은 나라를 바꾸어 놓을 새로운 생각을 하고 있었습니다.

1351년 2월, 왕위에 오른 지 두 달이 지난 어느 날, 공민왕은 신하들을 불러 말했습니다.

"정방무신 정권 시절 최우가 설치한 인사행정 기구을 폐지하고 억울하게 노비가 된 자들을 구제하라! 또한 모든 기관은 5일에 한 번씩 짐에게 나랏일을 보고하라."

아울러 전국에 관리를 내려보내 억울하게 땅을 빼앗긴 백성들에게 토지를 돌려주도록 했습니다. 이어 원나라에 빌붙어 온갖 횡포를 일삼던 기 황후의 오빠 기철을 궁궐로 불러 제거하고 이제현을 우정승에 앉힘으로써 왕실의 안정을 꾀했습니다.

그런 뒤 몽골식의 변발과 호복을 금지시키고, 이를 어기는 자는 불러 엄한 벌을 주었습니다. 뿐만 아니었습니다. 공민왕은 원나라의 연호를 폐지하고, 정동행중서성 이문소를 폐지시켰습니다. 또 원나라가 고려 땅에 설치했던 쌍성총관부를 공격해 철령 이북의 고려 영토를 되찾았습니다.

그러자 원나라에서 사신을 보내와 협박했습니다.

"원나라를 배신하는 행동을 하면 80만 대군을 보내 고려를 정벌하겠노라!"

공민왕은 겁먹지 않고 오히려 북쪽 변경에 군사를 더 보내고 성을 수리하게 했습니다. 또한 도성에도 외성을 쌓게 하고, 만약을 대비해 남경서울으로 천도할 계획까지 세워 두었습니다.

그러나 예상치 않았던 새로운 적이 밀려들었습니다. 그들은 홍건적이었습니다.

홍건적은 만주 지역을 떠돌며 원나라와 전투를 벌이던 중이었습니다. 그러다 원나라의 반격이 거세어지자 고려로 밀려들었던 것이지요.

공민왕은 이들을 피해 끝내 안동까지 피난을 나

▲ 이제현의 초상화예요. 충렬왕 때부터 활약한 학자이자 정치가로 고려의 주권 회복을 위해 노력한 인물이에요.

정동행중서성 이문소가 뭐예요?
정동행중서성은 고려와 원나라 사이의 연락 기구 역할을 하던 관청이었어요. 한데 이곳의 중요한 부서였던 '이문소'가 말썽이었어요. 이문소를 중심으로 모여든 몇몇 고려 관리들이 원나라 힘을 믿고 제 사리사욕을 도모했기 때문이지요. 이에 공민왕은 친원 세력을 물리치기 위해 이문소를 폐지했어요.

▲ 공민왕 부부

서야 했습니다. 그리고 적당히 거리를 유지하느라 서먹해졌던 원나라와의 관계를 어쩔 수 없이 회복시켜야 했습니다. 홍건적을 물리치려면 원나라의 협조를 얻지 않을 수 없었기 때문이었습니다.

그러던 어느 날, 공민왕에게 가슴 아픈 일이 벌어졌습니다. 공민왕이 무척 아끼고 사랑하던 왕비 노국대장 공주가 왕자를 낳다가 세상을 떠난 것입니다.

공민왕은 물 한 모금 먹지 않고 몇 날 며칠 동안 노국대장 공주의 명복을 빌었습니다. 신하들이 정사를 돌보라고 간청했지만 공민왕은 침전에 틀어박힌 채 꼼짝도 하지 않았습니다. 신하들의 권유로 어쩔 수 없이 새 왕비를 맞아들였지만, 공민왕은 거들떠보지도 않았습니다.

그러던 어느 날, 왕의 그런 모습을 보다 못한 신하 하나가 옥천사라는 절에 있던 스님 한 사람을 궁궐로 데려왔습니다. 그 스님의 이름은 편조였습니다.

편조는 따뜻한 말로 공민왕을 위로했습니다.

"상감마마, 마마의 불심이 깊으시니 왕비님께서도 편히 눈을 감으셨을 것이옵니다. 소승의 눈에는 기뻐하는 왕비님의 모습이 보입니다."

이후 공민왕은 편조 스님에게 영도 첨의사사라는 높은 벼슬까지 내리고 나랏일을 맡겼습니다.

이때부터 편조는 이름을 신돈이라 바꾸고 나랏일에 깊이 관여하기 시작했습니다.

"전민변정도감을 설치하여 억울한 노비를 풀어 주고 토지를 정리하여 농민들에게 나주어 주십시오."

신돈의 새로운 정책은, 처음에는 많은 사람들의 환영을 받았습니다. 왜냐하면 전민변정도감은, 권력을 가진 귀족들이 백성들을 노비로 부리거나 부정한 방법으로 토지를 빼앗는 일을 막기 위한 기구였기 때문입니다.

▲ 바둑을 두는 공민왕의 모습이에요. 어릴 때부터 그림과 글씨에 능했던 그는 바둑 솜씨도 남달랐어요.

"신돈은 하늘이 내린 스님입니다. 백성들의 은인이오."

그런 말들이 나돌았습니다. 물론 그에 따라 신돈의 세력은 더욱 커졌고, 원나라에서는 신돈을 일컬어 '임시 왕'이라 부르기도 했습니다.

하지만 권문세족의 반발은 아주 컸습니다. 신돈의 개혁 정책 탓에 토지를 빼앗겼기 때문이지요. 그 때문에 권문세족들은 신돈이 왕의 자리를 노린다는 둥, 스님이면서 부인이 여럿이라는 둥, 온갖 말로 그를 모함했습니다.

공민왕은 결국 신돈을 처형했습니다. 그렇지 않아도 신돈의 세력이 지나치게 커져서 걱정을 하고 있던 터였습니다.

하지만 공민왕도 그로부터 얼마 지나지 않아 신하들로부터 죽임을 당하고 말았습니다. 고려의 개혁 작업은 거기서 잠시 멈추어야 했습니다.

왜구의 침입을 막아 내다

공민왕이 왕위에 오른 뒤부터 왜구는 한반도 해안 곳곳을 누비며 고려 백성들을 해치고 약탈을 일삼았습니다. 그 때문에 농토는 황폐해졌고, 백성들은 굶어 죽어 갔습니다. 나라에서는 세금을 거두지 못해 왕실 재정마저 위태로운 지경에 빠졌지요.

이에 공민왕의 뒤를 이어 왕위에 오른 우왕32대은 우선 나흥규와 정몽주를 일본에 사신으로 보내 왜구의 문제를 해결하려 했습니다. 하지만 그것으로도 왜구는 줄어들지 않았습니다.

오히려 왜구는 해안을 벗어나 내륙 지역인 홍산충남 부여까지 손을 뻗쳤습니다. 이때 최영 장군이 나섰습니다. 우왕은 그의 나이 예순을 넘겼음을 걱정하며 말렸지만, 최영은 기필코 싸움터에 나섰지요. 최영은 입술이 화살에 스치는 부상을 당하면서도 적장을 죽이고 왜구를 쫓아 버렸습니다.

▲ 최영 장군의 홍산 대첩을 그린 기록화

한편 황산에서는 이성계가 왜구를 물리쳤습니다.

이성계는 전라도 남원의 운봉현 쪽으로 들어가 진을 친 다음 돌격대를 이끌고 운봉현 반대편인 황산으로 올라가 적진을 먼저 살폈습니다. 그리고 내려와 장수들에게 말했습니다.

"여러 갈래로 나누어 왜구의 진지를 공격하시오. 나는 계곡 쪽으로 난 지름길로 놈들의 중앙을 공격할 것이오."

이윽고 화살 부대가 대우전과 유엽전 화살의 한 종류을 쏘고, 뒤이어 칼을 쓰는 병사들이 달려들었습니다. 전투는 매우 치열했습니다.

먼저 발을 빼기 시작한 것은 왜구였습니다. 이성계의 일사분란

한 공격에 더 버틸 재간이 없었던 것이지요. 특히 이성계의 화살
이 적장의 목을 꿰뚫자 왜구들은 겁을 집어먹었습니다.

싸움은 고려군의 대승으로 끝났습니다. 이때 도망간 왜구의
수는 고작 70명이었고, 빼앗은 왜구의 말만 1600필이었습니다.

바다에서도 왜구를 물리치기 위한 싸움이 치열하게 벌어졌습
니다.

특히 진포충남 서천에서는 화약으로 만든 고려군의 신무기가 처
음으로 위용을 떨치고 있었지요. 그 주인공은 다름 아닌 최무선
이었습니다. 그는 이미 몇 년 전 화약도감을 설치하고 화전과
화통, 화포와 같은 무기를 만들었던 것입니다.

최무선은 새로 만든 화포를 배 위에 싣고 바다로 나갔습니다.
그리고 왜구의 배가 나타나자 차례
대로 신무기를 시험했습니다.

▲ 왜구의 모습

"공격하라! 화포를 쏘아라!"

쾅쾅 하는 소리가 바다를 울리고, 순식간에 왜구의 배가 산산
조각 나기 시작했습니다. 바다는 곧 시뻘건 불길과 시커먼 구름
으로 휩싸였지요.

위화도 회군과 고려의 멸망

최무선과 이성계, 최영 등이 왜구를 토벌하고 있을 즈음, 북방
에서는 원나라가 차츰 힘을 잃고, 대신 명나라가 서서히 위력을
떨치고 있었습니다. 명나라는 고려가 원나라와의 관계를 끊고
자신들에게 조공하기를 원했습니다.

그러더니 1388년에는 명나라가 철령 이북의 땅을 요동부에

철령
강원도 회양과 함경도 사이에 있는 큰 고개

귀속하고 철령위를 설치한다고 통보해 왔습니다. 애초에 철령 이북의 땅은 원나라가 쌍성총관부를 두어 다스리던 곳이었습니다. 자신들이 원나라를 물리쳤으니 이제 그 땅을 자신들이 갖겠다는 것이었습니다.

우왕은 서둘러 사신을 통해 원래 철령 이북의 땅은 고려 땅이었다는 내용의 편지를 보냈습니다. 그러나 명나라는 오히려 군사 1000명을 보내 철령 이북의 땅을 점령하려 했습니다. 이때 최영이 나서서 명나라를 정벌해야 한다며 군사를 보낼 것을 요청했습니다.

신진 사대부는 어떤 사람들이에요?
고려 후기, 권문세족을 비판하고 새로운 사회를 꿈꾸던 정치 세력입니다. 대대로 여러 특권을 독점하던 권문세족과 달리, 신진 사대부는 과거 시험을 통해 출세했습니다. 이들은 성리학 이념을 토대로 원을 배척하고 명과 가까이 지낼 것, 권문세족의 권력을 강화해 온 제도들을 개혁할 것을 주장했어요. 훗날 이성계와 함께 조선을 세우는 데 앞장섰습니다. 조선 왕조가 들어서면서 성리학은 조선 사회의 뿌리 이념이 됩니다.

하지만 이성계를 비롯한 신진 사대부들은 이런 주장에 반대했습니다.

"아니되옵니다. 왜구의 침략으로 백성들의 고통이 심한데, 또다시 군사를 일으킬 수는 없는 일이옵니다."

하지만 우왕은 최영의 주장처럼 명나라 정벌을 실행에 옮기기로 결정했습니다. 우왕은 최영을 최고 사령관인 팔도도통사로 삼고, 이성계를 우군도통사, 조민수를 좌군도통사로 임명하여 출전을 명했습니다.

이때, 이성계는 왕에게 요동을 정벌할 수 없다는 내용의 글을 올렸습니다.

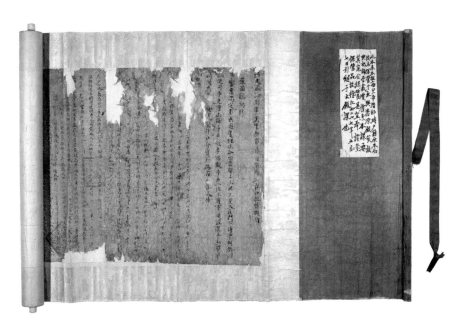
▲ 이성계의 호적. 공양왕 때 작성한 이 문서에는 이성계의 관직과 가족, 노비 등이 적혀 있습니다. 고려 말 양반의 호적 체계를 알 수 있는 귀한 자료이지요.

"상감마마, 지금 요동을 정벌하는 것은 불가능하옵니다. 첫째, 작은 나라로서 큰 나라를 친다는 것은 매우 어려운 일이며, 둘째, 지금은 농사철이라 군사를 징발하는 것이 어려우며, 셋째, 요동 정벌을 위해 남쪽의 방비가 허술하게 되면 왜구가 노략질을 할 것이며, 넷째, 지금과 같은 장마철에 군사를 일으키면 활과 무기가 녹슬며, 전염병이 돌기 쉽습니다. 이로 인해 요동 정벌은 불가능하옵니다."

이런 이성계의 주장을 4불가론이라 불렀습니다.

그러나 이에 맞서 최영은 요동 정벌을 반드시 단행해야 하는 이유 네 가지를 들었습니다.

"첫째, 명나라가 큰 나라이긴 하나 그 나라의 형편상 요동까지 신경 쓸 겨를이 없을 것이며, 둘째, 그런 이유로 요동의 방비가 매우 허술하며, 셋째, 요동은 기름진 땅이니 여름에 공격해야 가을에 풍부한 식량을 얻을 수 있으며, 넷째, 명나라 군사들은 장마철에 싸우기를 좋아하지 않으니 오히려 고려군의 사기를

높이면 충분히 요동을 쳐서 빼앗을 수 있사옵니다.”

왕은 이번에도 최영의 손을 들어 주었습니다.

마침내 이성계와 조민수가 이끄는 고려의 대군은 요동을 향해 출발했습니다. 이성계는 압록강에 이르러 부교를 놓고 강의 한가운데에 있는 위화도에 진을 쳤습니다. 마침 장맛비가 거칠게

쏟아져 내렸습니다. 이성계는 이때를 노려 좌군도통사 조민수에게 말했습니다.

"장군, 장마가 계속되어 물이 불어나고 있소. 강을 건너기는 어려울 것 같소. 게다가 군사들 사이에 전염병이 돌고 있다고 하오."

이즈음, 이성계는 이미 군사를 되돌릴 생각을 하고 있었습니다.

결국 이성계는 군사를 돌렸습니다. 그가 위화도에서 회군함으로써 한때 고구려가 차지했던 요동을 되찾을 기회는 영영 사라져 버리고 말았습니다.

이성계는 개경으로 향했습니다. 그는 최영을 붙잡아 고봉현_경기도 고양시으로 유배를 보냈습니다.

"간사한 말로 왕을 부추겨 무리하게 요동을 정벌하려 한 죄를 묻노라!"

최영은 유배지에서 숨을 거두며 죽기 전에 눈을 부릅뜨고 말했습니다.

"만일 내게 죄가 있다면 나라에 충성한 죄뿐이다. 내가 조금이라도 죄가 있다면 내 무덤에 풀이 날 것이고, 그렇지 않으면 결코 풀이 나지 않을 것이다!"

최영 장군의 무덤은 정말로 오래도록 풀이 자라지 않아 적분_붉은 흙으로 덮여 있는 무덤이라는 뜻으로 불렸습니다.

정권을 장악한 이성계는 조민수의 건의에 따라 우왕을 내쫓

▲ 개성 남대문 동쪽 1km 지점에 있는 다리, 선죽교예요. 원래 이름은 선지교였어요. 그런데 정몽주가 피살되던 날 밤 다리 옆에서 참대가 솟아났다고 하여 ⺮(대나무 죽)자를 따서 선죽교라 불리지요.

고 창왕33대을 왕위에 올렸습니다.

곧이어 이성계는 자신의 일파를 하나둘씩 높은 벼슬자리에 들게 했습니다. 그리고 나중에는 조민수까지 유배를 보냈습니다. 또한 창왕도 내쫓고 공양왕34대을 왕위에 올렸다가 1392년, 고려의 충신 정몽주를 살해한 이성계는 마침내 공양왕마저 폐하고, 고려의 문을 닫았습니다. 이로써 475년을 이어져 내려오던 고려는 역사의 뒤안길로 사라지게 되었습니다.

고려는 인쇄술이 크게 발달한 나라였습니다. 초기에는 목판으로 인쇄된 책이 많았지요. 대장경이 대표적인 경우라 할 수 있어요. 이는 지식을 널리 보급하고, 후세에 전하는 데 큰 역할을 했지요. 하지만 고려 사람들은 보다 나은 활자를 개발하는 데 앞장섰지요. 그런 결과로 금속 활자를 발명하게 되었어요. 서양보다 무려 200여 년이나 앞선 일이었지요. 그리하여 『상정고금예문』이라는 책을 인쇄했는데, 이 책은 현재 남아 있지 않아요. 다만 1377년에 간행한 『직지심체요절』이 남아 있어요. 줄여서 『직지』라고도 부르지요.

▲ 금속 활자. 개성 지역의 개인 무덤에서 출토된 것이에요.

『직지』는 선불교에서 전해지는 이야기를 모아서 만든 책으로, 두 권으로 되어 있었는데 지금은 하권만 남아 있답니다. 서양의 구텐베르크의 42행 성서보다 78년이나 앞선 책이에요.

▲ 구텐베르크의 성서. 한쪽에 42줄로 인쇄가 되어 있어, '42줄 성서'라고 불려요.

▲ 복원된 『직지』 활자. 총 1만 4000글자 중 5000여 글자를 복원했다고 해요.

『직지』는 왜 우리나라에 없을까?

직지는 왜 프랑스 국립도서관에 보관되어 있는 것일까요? 다른
문화재처럼 프랑스 군인들이 약탈해 간 것일까요? 병인양요 때
프랑스군이 여러 문화재를 약탈해 갔지만, 『직지』는 구한 말 초대 프랑
스 공사관을 지낸 프랑스 사람이 돈을 주고 구매하여 프랑스로 가져간 것입니다.
그것이 여러 경로를 거쳐 프랑스의 국립도서관까지 흘러들어간 것이지요.
그런 탓에 이 책은 또 하나의 진기록을 남기게 되었어요. 해당 국가에 없으면서도 세계기
록유산으로 지정된 것이지요.

금속 활자 발명의 의미

금속 활자의 발명은 문화 발전에 큰 영향을 미쳤어요. 지식을 나눌 수 있고, 축적할 수 있게
되었기 때문입니다. 예컨대 종교 개혁자 루터의 『성서』가 널리 읽히고 종교 개혁이 일어난
데에는 구텐베르크의 활자 발명이 큰 역할을 했다고 할 수 있습니다.
놀라운 점은 우리나라가 그런 기술을 세계 최초로 보유했다는 점이지요. 그것도 늘 우리가
문화를 수입해 오던 중국보다도 빨리, 서양보다도 먼저 말이에요.
그러므로 우리나라 사람들은 충분히 자부심을 느껴도 된답니다.

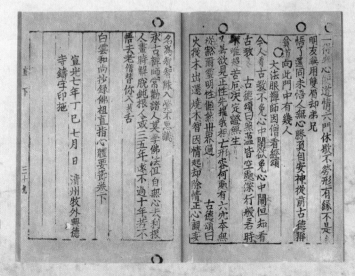

▶ 세계 최초의 금속 활자 인
쇄본인 『직지심체요절』. 현재
는 세계기록유산으로 지정되
어 있어요.

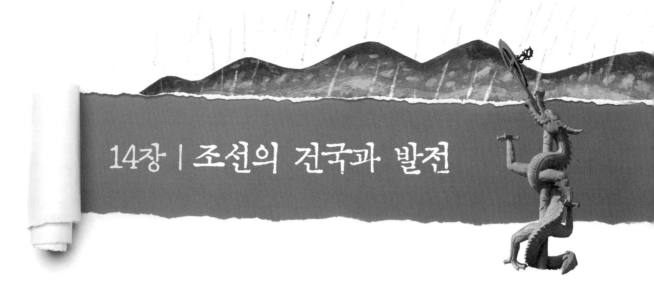

14장 | 조선의 건국과 발전

나라 이름을 짓고, 한양에 도읍을 정하기까지

"나는 권서국사요. 지금은 백성을 다스리는 데 최선을 다할 것이오."

1392년 여름, 개경의 수창궁에서 왕위에 오른 태조이성계는 스스로를 왕이라 칭하지 않고, 나라 이름도 바꾸지 않았습니다. 권서국사는 임시로 고려를 다스리는 사람이라는 뜻이었지요. 이는 무엇보다 태조 스스로, 고려 왕조를 무너뜨린 데 대한 백성들의 반발을 의식해서였습니다.

▲ 태조 이성계

태조는 먼저 나라를 세우는 데 공을 세운 사람들에게 상을 내리고, 또한 신하들에게 관직과 품계를 내려 조직을 정비했습니다. 정도전에게 일러, 새 나라에 걸맞은 법을 만들게 했지요.

그런 다음, 태조는 우선 나라 이름부터 바꾸었습니다. 처음엔 '화령'이성계의 고향 이름이라

▶ 삼봉 정도전. 이성계보다 2년 늦은 1337년에 태어난 정도전은 오래전부터 고려 왕조를 폐하고, 성리학 사상을 통치 이념으로 하는 새 왕조를 꿈꾸었습니다. 정도전의 아버지는 고위 관리였으나 어머니는 노비의 혈통을 이어받았어요. 이런 까닭에 정도전은 신분과 명분을 따지는 성리학자들에게 차가운 눈길을 받기도 했다고 합니다. 고려 말 충신 이색의 문하에서 정몽주 등과 만나 공부했으며 성균관의 박사를 지냈습니다. 후에 친원 세력과 맞서다가 유배를 당한 뒤에 이성계를 찾아가 인연을 맺고, 그때부터 그와 함께 새 왕조의 꿈을 일구어 나갔습니다.

는 이름도 논의되었지만, 결국 나라 이름은 '조선'으로 정했습니다. 이어 도읍을 옮길 결심을 했습니다. 아무래도 새 나라에 어울리는 도읍이 필요하다는 생각이 들었고, 개경에는 옛 고려를 따르는 사람들이 많아서 그것도 걱정이 되었기 때문이었습니다.

새 도읍으로 논의된 곳은 계룡산 부근과 한양지금의 서울이었습니다. 태조는 계룡산 부근이 마음에 들어 궁궐을 짓도록 했지만, 반대하는 신하가 많아 곧 명을 거두고 한양을 둘러보았습니다.

"땅의 형세도 좋고, 주변에 기름진 땅이 많을 뿐 아니라, 바다와 뱃길도 통하고 나라 중간에 위치하니 도읍으로 더할 나위 없구나."

마침내 태조는 한양을 도읍으로 정하고 궁궐을 지으라 일렀습니다. 곧 새 궁궐과 종묘역대 왕과 왕비의 위패를 모시고 제사를 올리는 나라의 으뜸 되는 사당가 완성되었습니다.1395년 하지만 생활에 필요한 여러 건물들이 들어서고, 도로가 정비되고 도성이 세워지는 등 한양이 도읍의 모습을 온전히 갖춘 것은 태종3대 즈음이지요.

태조는 신하들에게 '왕도 정치'에 따라 나라를 이끌어 갈 것이라고 말했습니다. 왕도 정치란 성리학_{유교 학문의 한 갈래}에서 내세우는 정치 이념으로, 도덕적으로 뛰어난 임금이 백성을 어버이와 같은 마음으로 다스리는 것을 말하지요.

이에 따라 임금도 유교 사상을 익히는 데 힘썼고, 신하들은 물론 왕자들도 유학을 공부했습니다. 그와는 반대로 불교 사상과 의식은 억제했습니다. 그리하여 백성들에게도 앞으로는 불교가 아닌 유교식으로 생활하고 예법도 그에 맞게 고치도록 일렀습니다. 나아가 '도첩제'를 실시해서 나라의 허가를 받아야만 스님이 될 수 있도록 제한을 두었지요. 그런 탓에 불교는 점점 쇠퇴하기 시작했습니다.

태조는 또한 신하들과 의논하여 명나라는 받들어 모시며_{사대}, 주변의 여진이나 일본과는 전쟁을 피하고 우호적으로 지내기_{교린}

▶ 경복궁 근정전. 태조가 지은 조선의 새 궁궐, 경복궁 중앙에 위치하는 근정전이에요. 왕들의 즉위식이 거행된 곳으로, 조선 왕실을 상징하는 건물이라 볼 수 있지요.

▲ 명나라로 가는 바닷길을 그린 그림. 조선은 1년에 세 차례씩 명나라에 사신을 보내 조공을 바쳤다고 해요. 조선은 이를 통해 명나라의 물자를 확보하고 정치적·군사적 안정을 취했어요.(17세기, 이덕형 그림)

로 했습니다. 이를 '사대교린'이라 했습니다. 이런 외교 정책을 바탕으로 조선은 명나라에 조공을 바치며 예의를 지키는 한편, 여진과 왜에는 때로는 군사를 보내 국경을 넘보지 못하게 하면서, 때로는 어르고 달래 평화를 유지하도록 힘썼습니다.

나라의 기틀을 세우다

태종의 등극 ✵ 태조 이성계의 노력으로 왕실이 안정을 찾는 듯했지만, 실상은 그렇지 못했습니다. 그것은 태조가 8명의 왕자 중에서, 하필이면 막내인 방석을 세자로 책봉했기 때문이었습니다. 그러자 나머지 왕자들은 노골적으로 불만을 터트렸습니다. 특히 다섯째 아들 이방원의 반발이 심했습니다.

"나는 태조께서 새 나라를 세우는 데 누구보다 공이 컸음에도 개국공신에도 들지 못하였다. 그런데 이제 세자의 자리까지 넘겨주어야 한단 말인가?"

이런 사실을 알게 된 정도전은 왕자와 공신 들이 거느리고 있던 사병을 해산시켜 힘을 빼려 했습니다. 정도전은 신하가 중심이 되어 나랏일을 이끌어 가는 세상을 꿈꾸던 사람이어서 기세가 등등한 방원 같은 왕자보다는 어리고 힘이 미약한 방석이 왕이 되는 것이 낫다고 생각하고 있었지요.

하지만 이를 눈치챈 방원은 오히려 정도전과 방석을 제거하고 사실상 권력을 손에 쥐었습니다. 그러자 태조는 자신이 아끼던 신하와 자식의 죽음에 충격을 받아 둘째 아들 방과 2대 정종 에게 왕위를 물려주고 자신은 태상왕으로 물러나 앉았습니다.

하지만 이번에는 세자의 자리를 놓고 방간 태조의 넷째 아들 과 방원이 다시 한 번 무력 충돌을 일으켰습니다. 이 싸움에서도 방원이 승리를 거두었고, 마침내 정종은 하는 수 없이 방원에게 세자의 자리를 주었습니다. 그리고 세자의 자리에 오른 지 얼마 되지 않아 방원은 임금이 되었습니다. 3대 태종

왕권을 강화하고 제도를 정비하다 ✺ 정도전과는 달리 태종은 왕이 나라의 중심이 되는 정치를 실현하고자 했습니다. 그래서 그는 나라의 모든 일을 직접 보고받기 위해 '6조 직계제'를 실시했습니다. 그 덕분에 왕의 권위는 한층 높아지고, 힘이 한곳으로 모아졌습니다.

왕권을 강화하기 위해서 태종은 자신의 처남 넷을 모두 냉혹하게 제거했습니다. 세자를 등에 업고 권세를 누리고 함부로 세력을 키우려 했다는 게 그

함흥차사가 뭐예요?
심부름 간 사람이 오랜 시간이 지나도록 소식이 없을 때 그 사람을 일러 '함흥차사'라고 하지요. 태조 이성계는 방원이 왕자의 난을 일으키자, 정종에게 왕위를 물려주고 함흥으로 떠나 버렸어요. 방원은 아버지의 노여움을 풀기 위해 여러 번 차사를 보냈지만 그때마다 태조는 차사를 죽였지요. 함흥차사는 이 일에서 비롯된 말이에요.

6조 직계제가 뭐예요?
이전까지는 6조(이조, 호조, 예조, 병조, 공조, 형조)의 신하들이 나랏일을 의논하여 의정부에 보고하면, 의정부에서는 그 일에 대해서 시행할 것인지 그만둘 것인지를 판단하여 왕에게 보고했어요. 이것을 '의정부 서사제'라 했지요. 하지만 태종은 의정부를 거치지 않고 자신에게 직접 모든 일을 보고하게 했어요. 이를 '6조 직계제'라고 하지요.

이유였지요. 나아가 태종은 공신이었더라도 자신의 일에 방해가 되는 신하들은 가차없이 처단하거나 유배를 보냈습니다. 그리고 다른 왕자나 공신들이 거느리고 있던 사병을 모두 없애, 나라의 군사로 만들었습니다.

태종은 왕실을 안정시키는 한편 제도를 정비하고 경제 기반을 다지는 일에도 적극적이었습니다.

태종은 먼저 지방을 8도로 나누고 그 아래를 다시 군현으로 정비하고, 도에는 관찰사를, 군현에는 수령을 파견하여 전국을 다스렸습니다.

이는 작은 고을까지 중앙에서 직접 장악하겠다는 의미였지요.

이렇게 왕실 안팎이 안정을 찾자, 태종은 다양한 정책을 실시하여 경제적 기반을 다지기 시작했습니다.

우선 태종은 황무지를 개발하여 농지를 확대했고, 주인이 없는 땅과 절에 속해 있던 많은 땅을 나라의 것으로 귀속시켰어요. 또한 토지가 있는 사람은 모두 세금을 내도록 하였고, 그 지방의 특산물을 바치도록 했

▲ 여러 가지 호패

어요. 아울러 농사가 잘될 수 있게 저수지를 보수하도록 하였지요.

또한 신분 증명법이라 할 수 있는 호패 제도를 실시하고, 노비변정도감을 두어 억울하게 양인에서 노비가 된 사람을 구제해 주었습니다. 이런 제도들은 인구를 정확하게 파악하고 세금을 내는 양인을 늘리는 데도 도움이 되었습니다.

그런가 하면 태종은 의금부에 북을 매달아 놓고 억울한 백성들이 치게 하였습니다. 이것을 신문고라고 했지요. 하지만 그렇다고 아무나, 아무 때나 칠 수 있는 건 아니었습니다. 이 북을 치려면 여러 가지 복잡한 절차를 밟아야 했고, 그 때문에 정작 북을 두드리는 사람들 대부분은 양반들이었답니다.

신문고 제도는 효과가 있었나요?

신문고 제도는 대표적인 민의 수렴 제도였습니다. 억울한 누명을 썼거나 원통하게 죽은 일, 나랏일에 부당함을 느낀 일 등을 북을 쳐서 알리게 했습니다. 하지만 나중에는 자신의 이해와 관계되는 일이 빨리 해결되도록 사사롭게 이용되는 경우도 잦아졌어요. 특히 평민들이 신문고를 치려면 절차가 까다로워 사실상 이용하기 힘들었어요.

학문과 기술의 발달-세종 시대

집현전  태종은 원래 첫째 아들 양녕 대군을 세자로 삼았습니다. 하지만 양녕 대군은 태종이 왕권을 강화하는 과정에서 외삼촌들을 사사하는 등 잔혹한 모습을 보이자 임금이 될 뜻을 잃었습니다. 그러고는 공부를 게을리하고 사냥과 놀이에만 열중했지요.

이런 모습을 본 태종은 신하들의 반대에도 불구하고 세자 자리를 충녕 대군4대 세종에게 넘겨주었습니다. 그가 바로 세종이었지요.

세종은 어릴 때부터 손에서 책을 놓지 않았습니다. 읽는 분야도 다양했지요. 사서삼경은 물론이고 농사와 과학에 관련된 책, 심지어 음악이나 예술에 관한 책들까지도 빼놓지 않고 보았습니다.

이토록 학문에 대한 관심이 깊었던 세종은 마침내 집현전을 개편하여 유능한 학자를 뽑고, 그곳에서 공부하도록 일렀습니다. 이들을 '학사'라 불렀으며, 학사들에게는 학문에 전념할 수 있도록 여러 가지 특혜를 주었습니다.

학사들은 오로지 학문에만 힘쓰며

경연학식이 높은 학자가 왕이나 왕자 혹은 다른 학자

집현전이 뭐예요?

애초에 고려 시대 때부터 있었던 기관이나, 제 역할을 하지 못하다가 세종 때 좌의정 박은이 건의하여 학문 연구 기관으로 재정비되었습니다. 세종은 10명의 선비를 골라 품계에 따라 벼슬을 주고 학문에 힘쓰도록 했습니다. 이때 이 선비들을 학사라고 불렀는데, 나중에는 32명이나 되었습니다. 집현전을 통하여 깊은 학문 연구가 이루어졌으며, 많은 학자들이 배출되었습니다.

▲ 세종 동상

나 벼슬아치 들에게 강의를 하거나 정치 문제를 협의하는 것을 맡았고, 임금과 세자를 가르치기도 했습니다. 세종 자신도 틈만 나면 집현전에 나와 학자들과 함께 토론하고 대화했지요. 늦게까지 공부하는 학자들을 위해 야참을 보내 주었고, 긴 휴가를 주어 마음껏 책을 읽을 수 있도록 배려했습니다.

그 기대에 부응하듯 집현전 학사들은 『고려사』, 『오례의』, 『팔도지리지』, 『삼강행실도』와 같은 책들을 간행하기도 했습니다.

▲ 집현전 상상도(세종대왕기념사업회)

훈민정음의 창제 ◉ 그런 중에 세종은 한 가지 생각에 골몰했습니다.

'무릇 한 나라가 제 모양을 갖추려면 제 나라의 문자는 있어야 하지 않을까? 게다가 한자는 양반의 것이라 하여 백성들은 배우지 못하니 어찌 이들을 안타깝게 여기지 않을 수 있겠는가?'

마침내 세종은 새 글자를 만들기로 마음먹었습니다. 그는 집현전에 자주 드나들며 언어에 대한 공부를 하는 한편, 정음청을

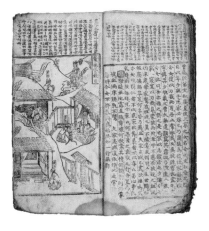

▲ 『삼강행실도』(열녀편). 삼강은 유교 사상의 기본이 되는 세 가지 윤리를 말해요. 군위신강은 신하가 왕에 대하여 지켜야 하는 본분, 부위자강은 자식이 어버이에게 지켜야 하는 본분, 부위부강은 부인이 남편에게 지켜야 하는 본분을 말해요. 이 책은 그 예법을 잘 지킨 사례들이 글과 그림으로 설명되어 있어요.

정음청이 뭐예요?

훈민정음을 창제하기 위해 만든 기구예요. 1443년에 설치되었다가 1506년에 폐지되었는데, 이곳에서는 한글을 연구하고 시험하는 등 훈민정음에 관계되는 모든 일을 맡아 했어요.

설치해 본격적으로 새 문자를 연구하기 시작했습니다. 이때 세자 향 뒷날 문종과 정희 공주, 그리고 몇몇 학사들이 세종의 연구를 도왔습니다.

세종은 새로운 글자의 원리를 만드는 데 골몰하였고, 마침내 그 길을 찾았습니다.

"옳지! 우리나라 사람들은 예로부터 하늘과 땅을 우러르고 숭배하지 않았는가? 또한 홍익인간 널리 인간을 이롭게 한다는 뜻으로, 단군의 건국 이념이라 하여 사람을 중요하게 여기지 않았던가? 그렇다면 하늘을 'ㆍ'로 쓰고, 땅은 'ㅡ'로 나타내면 되겠구나. 사람은 서 있는 모양대로 'ㅣ'로 나타내면 되겠지."

세종은 이 세 가지를 이리저리 조합하여 8개의 모음을 먼저 만들었습니다. 'ㅏ, ㅑ, ㅓ, ㅕ, ㅗ, ㅛ, ㅜ, ㅠ'가 그것이었습니다. 이어 입안의 모양을 그려 보고, 혀와 입술과 이와 어금니, 그리고 말할 때마다 혀가 목구멍에 붙었다가 떨어지는 모양을 잘 살피는 등 17개 글자의 자음을 만들었습니다. 그리고 모음은 처음의 8개에 3개를 더 보태 11개로 만들었습니다.

1443년 12월, 이윽고 세종은 새 글자가 만들어졌음을 세상에 알렸습니다.

"백성들이 쉽고 편하게 쓰도록 새 글자를 만들었노라. 이를 '훈민정음'이라 할 것이며, 앞으로 널리 쓰도록 하라!"

그리고 세종은 정인지와 박팽년, 신숙주, 성삼문 등의 학자를

불러 훈민정음 해설서를 쓰도록 일렀습니다. 그렇게 하여 『훈민
정음 해례본』훈민정음의 사용법과 용례를 적은 책. 세계 최초의 문자 해설서이 9개
월 만에 만들어졌습니다.

물론 최만리와 같은 학자와 유학생 들이 상소를 올리며 반대
했지만, 세종은 이들을 설득해 마침내 새 문자를 정식으로 반포
했습니다.1446년 이것이 바로 한글입니다.

세종은 선대 임금의 업적을 적은 노래『용비어천가』를 한글로 쓰게 했
습니다. 또한 수양 대군세종의 둘째 아들이자 문종의 동생, 뒷날 세조에게 『석
보상절』석가모니의 일대기를 엮은 책을 짓게 했는데, 이때 '석가의 일대기

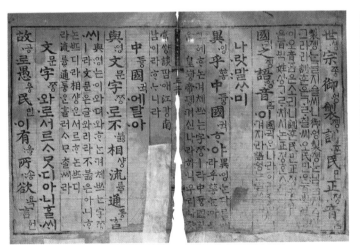

▲ 『훈민정음 언해본』(좌), 『훈민정음 해례본』(우). 한글 창제가 순조롭게만 진행된 것은 아니에요. 몇몇 신하들의 큰 반
대에 부딪쳤지요. 특히 최만리는, '예로부터 우리는 중국을 따라 문자와 제도가 같습니다. 이제 와서 중국을 거스르는 새
글자를 만드는 것은 큰 나라에 누를 끼치는 일이옵니다. 또한 제 글자를 가지고 있는 나라가 여진과 일본 따위인데, 이는
모두 오랑캐나 하는 짓이며, 구태여 새 문자가 필요하다면, 이두(한자의 음과 훈을 빌어 신라의 설총이 만든 글자)를 널
리 활용하면 될 것이옵니다. 또한 나라를 다스리고 백성을 보살피는 일에 조금도 도움이 되지 않으니 새 문자를 만드는
일은 어리석은 일입니다'라면서 반대했어요. 이에 세종은, '내가 새 글자를 만드는 것은 쉽고 편한 글자를 익혀 두면 백
성들에게 편리하지 않을까 해서이니라. 그런 임금의 마음을 신하들이 어찌 몰라 준단 말인가? 그대들은 설총의 이두는
옳다고 하면서, 어찌 이 나라의 군왕인 나는 그르다고 하는가?'라면서 뜻을 굽히지 않았지요.

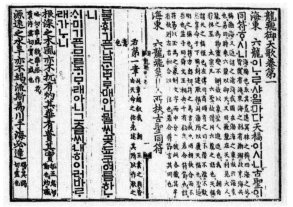

▲『용비어천가』

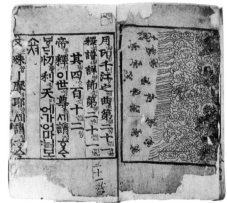

▲『월인천강지곡』

왜 이름이 '한글'이에요?
언문 등으로 불리던 한글이 처음 '한글'로 불리게 된 것은, 19세기 말 주시경에 의해서입니다. '한글'의 원래 의미는 '위대하며 하나밖에 없는 글'이라는 뜻이라고 합니다.

를 적되, 한문을 붙이지 않고, 정음_{한글}만으로 엮어 보도록 하라!'면서 한글에 대한 자신의 의지를 표출했답니다. 세종 자신도 『석보상절』이 완성되자 그것을 바탕으로 『월인천강지곡』_{석가의 공덕을 찬양하는 내용을 노래로 엮은 것을} 지었지요. 왕이 직접 모범을 보이며 한글을 사용하기 시작한 것이지요. 이렇게 해서 한글은 조선의 백성들 사이에 뿌리내리기 시작했습니다.

과학 기술의 발달과 나라의 안정 ⚛ 조선은 철저한 신분제 사회였지만, 세종은 태생보다 능력을 중시하는 임금이었습니다. 과학에 관심이 깊었던 세종은 관상감_{천문학과 지리 등의 일을 맡아보던 관청에}서 별자리를 관찰하던 윤사웅, 그리고 동래의 관노_{관청 일을 맡아보던} 노비였던 장영실을 궁궐로 불러들여 천문학과 과학에 대한 열띤

토론을 벌이기도 했지요. 이를 두고 신하들은 말이 많았습니다.

"전하! 어찌 하찮은 벼슬아치와 노비까지 궁궐로 불러들이시옵니까? 조선의 법도에 어긋나는 일이옵니다."

그러나 세종은 오히려 장영실을 가리켜, '그가 비록 노비이긴 하나, 재주는 그 누구도 따르지 못할 것이니라. 나라에 필요한 사람은 재주를 가진 인재이지, 높은 벼슬자리가 아니니, 신하들은 군왕의 잘못을 논하지 말라!'라고 충고했습니다.

뿐만 아니라 장영실을 천문학자들과 함께 명나라에 보내 과학 기술을 익히고 오라고 시켰습니다. 이에 보답이라도 하듯, 이후 장영실은 물시계_{반자동} 자격루를 만들고, 천문 관측 기구인 간의대를 만들어 한양의 위도를 측정해 냈고, 혼천의_{천체의 운행과 위치를 측정하는} 기구를 만들어 세종에게 바쳤습니다.

그러더니 얼마 안 가서 자동 물시계인 자격루를 만들어 냈습니다. 그것은 물이 저절로 흘러 시간을 알려 주는 물시계였지요. 장영실이 처음 중국 유학을 다녀와 만들었던 물시계를 한층 발전시킨 것이었습니다. 곧이어 장영실은 여러 학자들과 함께 자격루를 더 발전시킨 옥루를 만들었고, 이어 '앙부일구'라 불리는 해시계도 만들었습니다. 또한 별의 이동에 따라 밤에도 시간을 볼 수 있는 일성정시의를 만드는 데도 앞장섰습니다.

세종이 이토록 천문과 기상에 관련된 과학에 몰두한 데에는 그만한 이유가 있었습니다. 천문과 기상은 무엇보다 농사와 밀

▲ 혼천의

접한 관련이 있기 때문이었지요. 계절과 날씨는 어떻게 바뀌는지, 강수량은 얼마나 되는지 등, 그 변화를 정확히 알면 농사를 짓는 데 크게 유리했으니까요. 한편, 농업 국가인 조선에서 하늘은 그야말로 절대적인 경외의 대상이었지요. 하늘을 잘 이해하는 왕일수록 백성들의 사랑과 충성을 받을 것이고, 왕권은 더욱더 안정

◀ 해시계. 해시계 안의 가로선은 24절기를 의미하는 것이고, 세로선은 시각을 나타내는 선이에요.

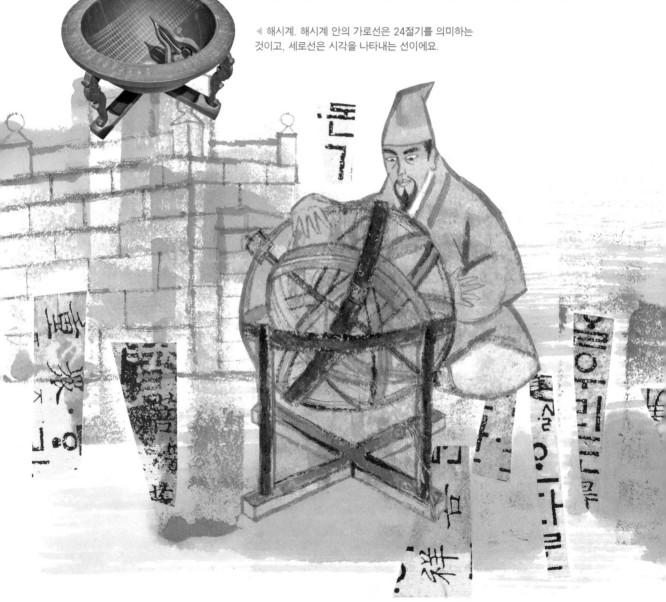

되겠지요. 그렇기에 과학의 발전은 왕권을 확립하는 데 있어 실용적 의미에서도, 상징적 의미에서도 꼭 필요한 일이었답니다.

　세종의 과학에 대한 관심은 여기서 그치지 않고, 무기를 만드는 데까지 뻗쳤습니다. 세종은 최해산고려 말 최무선의 아들에게 시켜 사정거리가 무려 1500m가 넘는 천자포를 개발하게 했고, 대포의 일종인 완구도 새로 만들도록 했습니다. 소완구는 말에 싣고 다닐 수가

▲ 자격루

있어서 기동성도 아주 뛰어났지요.

이런 무기를 앞세우고 이순몽과 최해산은 북쪽 국경을 자주 침범하던 야인_{당대에는 주로 여진족을 칭했으며, 압록강과 두만강 이북의 이민족을 통틀어 일컫던 말}을 정벌했습니다. 이종무도 이 무기들을 들고 해적질

▲ 『북관유적도첩』 중 〈야연사준도〉. 『북관유적도첩』이란 고려 시대부터 조선 중기까지 북쪽의 오랑캐를 토벌하고 그린 그림을 모은 책입니다. 그중 〈야연사준도〉는 김종서가 북방의 오랑캐를 토벌하러 갔다가 연회를 베풀던 당시의 모습을 그린 그림이에요. 화살이 날아와 술항아리를 깨뜨렸는데, 모두 놀라서 어쩔 줄을 모르는 가운데 김종서는, '간사한 자가 나를 시험했을 뿐이다'라고 말하며 태연히 연회를 계속했다는 장면이지요. 김종서는 이런 기개로 여진족을 내몰고 4군(여연군, 자성군, 무창군, 우예군)을 설치하고, 또한 그곳에 6개의 진을 두어 여진족을 경비하게 했습니다.

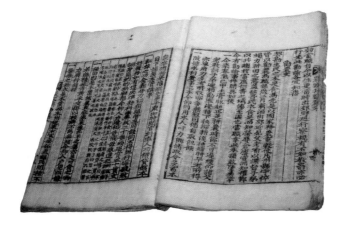

◀ 『농사직설』. 당시 조선에는 이미 중국의 농서가 들어와 있었지만, 우리나라 땅과 기후에 맞는 우리의 농서가 없었습니다. 그래서 전국의 농군들에게 직접 보고 겪은 바를 묻고 자료를 수집한 『농사직설』은 아주 특별했습니다. 즉, 우리 풍토에 맞는 농법을 정리해 낸 첫 책이지요.

과 노략질을 일삼던 왜구를 정벌하기 위해 대마도^{쓰시마}로 출정, 다시는 조선을 넘보지 않겠다는 약속을 받고 돌아왔습니다.

국력이 안정되자 세종은 국경 너머로도 눈길을 돌렸습니다. 김종서는 압록강 상류 지역의 4군과 두만강 유역의 6진을 개척했습니다. 여진족이 살던 지역을 조선 땅으로 확보한 것이지요. 이에 따라 세종 시대에는 영토 또한 넓어졌습니다.

이 외에도 세종은 박연에게 궁중의 음악^{아악}을 정리하게 하였고, 우리 실정에 맞는 농사법을 널리 보급하기 위해 정초와 변효문에게 『농사직설』을 편찬케 했습니다. 이 책에는 씨앗을 보존하고 뿌리는 방법과 시기부터 병충해와 우박과 서리 등에 대비하는 방법까지도 자세히 기록되어 있었답니다.

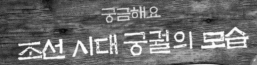

▶ 근정전

▲ 경복궁

나라의 중심이 되는 궁궐을 법궁이라고 해요. 조선 왕조의 법궁은 경복궁이었고, 임금은 법궁에서 나랏일을 보았어요. 특히 경복궁의 근정전은 왕이 신하들을 거느리고 조회를 보거나 외국 사신을 만나는 등 중요한 일을 보던 곳이었어요. 나머지는 '이궁'이라 불렀어요. 이궁에는 창덕궁·창경궁 등이 있어요. 조선의 역대 왕들은 경복궁이 아닌 이궁에서도 나랏일을 보곤 했답니다.

▶ 경회루
경복궁 안에서
연회를 베풀 때
사용했어요.

향원정
임금과 왕실 가족이 산책과 사색을 즐기던 향원정(세조 때 향원지에 대한 기록이 있지만 지금 건물은 조선 후기에 지어졌어요)이 있습니다.

▼ 숭례문

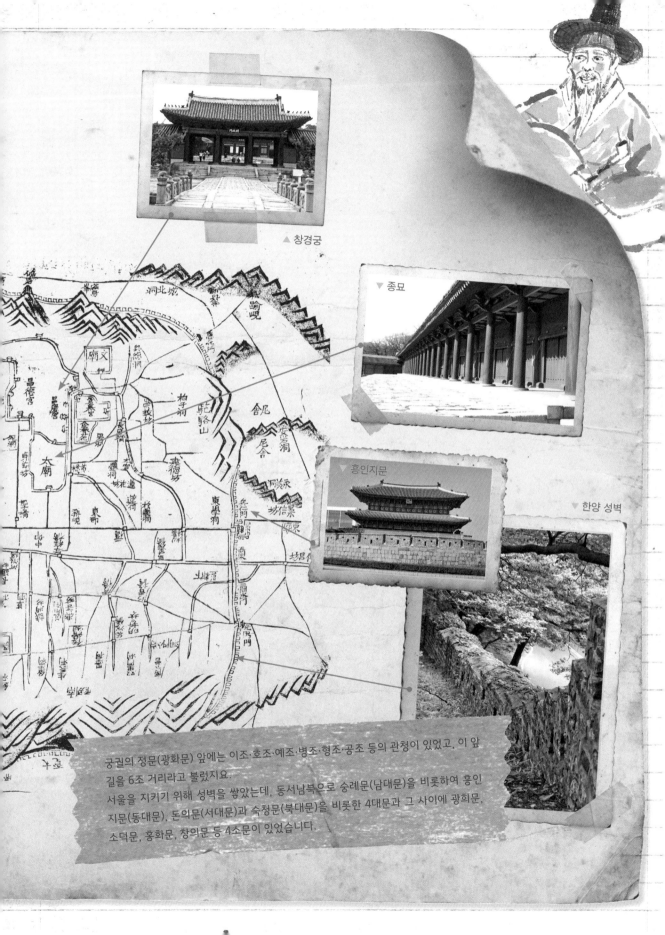

▲ 창경궁

▼ 종묘

흥인지문

▶ 한양 성벽

궁궐의 정문(광화문) 앞에는 이조·호조·예조·병조·형조·공조 등의 관청이 있었고, 이 앞 길을 6조 거리라고 불렀지요.

서울을 지키기 위해 성벽을 쌓았는데, 동서남북으로 숭례문(남대문)을 비롯하여 흥인 지문(동대문), 돈의문(서대문)과 숙청문(북대문)을 비롯한 4대문과 그 사이에 광희문, 소덕문, 홍화문, 창의문 등 4소문이 있었습니다.

15장 | 사화와 국난의 극복

사림과 사화

사림파의 등장 🏵 세종의 뒤를 이어 등극한 문종5대은 병이 깊어 오랫동안 통치하지 못했습니다. 그리하여 어린 임금 단종이 12세에 왕위를 이어받았지요. 하지만 단종도 숙부인 수양 대군세조에게 왕위를 빼앗기고 영월로 쫓겨났다가 결국 죽임을 당하고 말았습니다. 성삼문·박팽년 등과 같은 신하들이 단종 복위 운동을 꾀했지만 실패로 돌아가고 말았지요.

▲ 사육신 사당(서울 노량진)

이런 틈바구니에서 특히 큰 이익을 챙긴 신하들이 있었습니다. 세조7대 가 왕위에 오르는 데 큰 공을 세운 한 명회, 유자광, 강희맹, 이극돈과 같은 신 하들이었어요. 이들은 높은 관직을 독차지 하고 많은 재산을 축적할 수 있었습니다. 바

▲『동문선』

로 이들을 '훈구파'라 불렀습니다. 이들은 간혹 자신의 권력을 이용해 남의 땅을 함부로 빼앗기도 했는데, 이와 같은 횡포는 세 조 시절에는 물론, 예종8대을 거쳐 성종9대 초반에 이르기까지 계 속되었습니다.

성종은 세조 때부터 편찬되기 시작한 『경국대전』을 완성하여 반포했고, 신라 초부터 고려 말까지의 역사를 기록한 『동국통 감』, 문학작품을 모은 『동문선』을 쓰게 했지요.

◀ 『경국대전』은 고려 때부터 조선 초까지 100여 년에 걸쳐 반포되었던 법전과 조례, 관례 등을 총망라하여 쓴 책이에요. 이미 세조 때부터 편찬 작업에 착수했 고 125년 만인 1485년에 완성되었지요. 우리나라에서 전해져 내려오는 법전 중 가장 오래된 것이에요. 『경국대전』 이전에 『경제육전』이라는 법전이 있었지만 현 재는 전해지지 않죠. 『경국대전』은, 『경제육전』처럼 「이전」, 「호전」, 「예전」, 「병 전」, 「형전」, 「공전」 순으로 되어 있습니다. 「이전」에는 통치의 기본이 되는 중앙 및 지방의 관제, 관리의 종류 등이, 「호전」에는 세금과 조세 제도를 비롯해 상업 등에 관한 내용이 총망라되어 있어요. 「예전」에는 문과, 무과, 잡과 등의 과거 규 정과 제례와 외교, 서식과 공문서에 대한 내용도 함께 포함되었지요. 「병전」에는 군사 제도에 관한 규정이, 「형전」에는 형벌과 재판, 「공전」에는 도로와 교량 등에 관한 내용이 총망라되어 있습니다.

이 같은 편찬 사업을 통해 조선의 정치·사회·문화적 토대가 성숙해 갔습니다.

그러는 한편 점점 부패하고 있는 훈구파를 견제하기 위해 다양한 인재를 등용하려 힘썼습니다. 그리하여 성종은 지방에 근거지를 두고 학문을 연구하던 새로운 인재들을 등용하기 시작했습니다. 바로 사림파 사람들이었지요.

사림파가 뭐예요?
사림파는 본래 지방에 근거지를 가지고 있는 지식인을 말하는데, 세조에 반대하여 지방으로 숨어든 김시습 등의 후학들을 포함해 길재의 학통을 이은 김종직, 그리고 그의 제자들, 즉 김굉필·정여창·김일손 등이 여기에 속하지요.

성종은 사림파 사람들을 '삼사'에 기용했어요. 삼사는 나랏일을 감시하고 비판하면서 왕에게 충고를 하는 기관들로, 임금이 잘못하면 상소를 올리고 충고를 하는 '사간원', 관리들의 잘못을 감찰하여 바로잡는 '사헌부', 왕의 정책에 대한 자문 역할을 하는 '홍문관'을 말합니다.

사림파 관리들은 적극적으로 훈구파 선비들의 잘못을 비판했습니다. 그동안의 비리를 캐내어 바로잡아야 한다고 왕에게 충고했지요.

"전하! 그동안 훈구 대신들이 불법적으로 받은 토지를 모두 빼앗아 원래의 주인에게 돌려주어야 합니다!"

그렇게 목소리를 높이자 훈구파도 사림파를 눈엣가시로 보고 관직에서 쫓아내려 했습니다. 본격적으로 훈구와 사림의 대결이 시작된 것이에요.

연산군의 폭정과 두 번의 사화 ✿ 성종이 승하하자 그의 맏아들 연산군10대이 왕위에 올랐습니다. 연산군 4년, 『성종실록』의 편찬을 준비하던 훈구파 학자 이극돈은 사초역사책을 쓰는 데 기초가 되는 자료에 김종직이 쓴 『조의제문』이 섞여 있는 것을 발견했습니다. 사림파 학자 김일손이 이 사초를 관리하고 있었는데, 이극돈은 그의 생각이 불순하다고 여겼지요.

왜냐하면 『조의제문』은 중국의 항우에게 억울하게 죽은 초나라 회왕의 넋을 기리는 형식으로 지어져 있었거든요. 이게 왜 문제였냐고요? 이 내용은 사실상 세조에게 죽임을 당한 단종을 회왕에 비유한 것에 다름없었으니까요.

이런 사실을 전해 들은 즉시 훈구파의 유자광은 사림파 선비들이 역모를 꾸미고 있다면서 상소를 올렸지요.

"전하, 김종직과 그 무리들이 세조 대왕을 음해하고 있사옵니다. 이들을 역모 죄로 처벌해야 하옵니다."

연산군은 이를 곧이곧대로 믿었습니다. 그렇지 않아도 사림파 선비들이 개혁을 주장하며 사사건건 나랏일에 간섭하려드는 것이 곱게 보이지 않던 차였지요. 결국 이 일로 수많은 사림파 선비들이 죽거나 유배를 가게 되었습니다. 특히 이미 죽은 김종직

▲ 김종직

은 부관참시관을 꺼내 다시 한 번 처형시키는 일을 당해야 했습니다. 이를 무오사화라 불렀습니다.1498년

이로써 비판 세력 상당수를 제거한 연산군은 나랏일을 멀리하고 놀이에만 열중했습니다. 훈구파 신하들은 그런 연산군의 눈치를 보는 데 급급했지요.

이런 틈을 타서 출세에 눈이 먼 임사홍이란 자가 꾀를 냈습니다. 왕실과 사돈을 맺고 있던 임사홍은 왕의 외척들인 궁중 세력을 모아 연산군의 폭정을 부추겼습니다. 그러더니 연산군의 어머니 폐비 윤씨가 억울하게 사약을 받고 죽었다고 일러바치기에 이르렀습니다. 이에 연산군은 폐비 윤씨에게 사약을 내리는 데 관련된 모든 신하들을 붙잡아 죽이라고 일렀습니다. 이 기회에 훈구파 사림파를 가리지 않고 쳐내 자신의 권력을 더욱 강력

하게 만들 작정이었습니다.

마침내 김굉필을 비롯한 상당수의 사림파 신하들이 목숨을 잃었습니다. 뿐만 아니라, 훈구파 신하들 상당수도 화를 면치 못했습니다. 특히 한명회와 정창손은 부관참시를 당해야 했지요. 이 사건을 갑자사화라 불렀습니다. 1504년

하지만 이 사건은 연산군의 몰락을 가져왔습니다. 왜냐하면 갑자사화 이후 연산군이 훈구파의 재산까지 빼앗았을 뿐만 아니라, 그 폭정이 지나쳤기 때문이지요.

무엇보다 연산군은 조선의 국립대학이랄 수 있는 성균관을 폐쇄하고 놀이의 장소로 만들었고, 정책 자문을 맡는 한편 학문 연구의 터전이 되었던 홍문관 역시 없애 버렸죠. 여기에 더하여 사냥에 방해가 된다는 핑계로 성 밖 30리 이내에 살고 있는 사람들을 강제로 내쫓고 집을 허물었으며, 자신의 큰어머니뻘인 박씨 부인 박원종의 누이까지도 희롱했지요. 나라의 귀중한 손님을 모시거나 큰 잔치가 있을 때 쓰이던 경회루는 매일 술과 춤으로 흥청거렸습니다.

이에 박원종을 비롯한 성희안, 유순정 등의 훈구파가 연산군

폐비 윤씨는 왜 사약을 받았나요?

성종의 비였던 윤씨는 왕이 다른 후궁들과 가까이 지내는 것을 참지 못했다고 합니다. 그런 중에 윤씨는 성종을 독살하기 위해 비상(독약의 일종)을 숨겨 놓았다는 의심을 사게 됩니다. 그러다가 결국에는 성종의 얼굴을 할퀴어 상처를 냈는데 이것을 인수 대비가 발견하고 크게 노하여 궁궐 밖으로 쫓겨나고, 마침내 폐비가 되었습니다. 그로부터 얼마 후, 궁궐 안에서는 폐비 윤씨를 용서해야 한다는 목소리가 높아지고, 성종 또한 왕비가 불쌍하여 용서해 주리라 마음먹었지요. 하지만 인수 대비의 심복들이 왕에게 '윤씨가 복수를 하기 위해 이를 갈고 있다'고 전함으로써 결국 사약을 내리게 되었어요. 이때 윤씨는 자신의 피가 묻은 적삼과 수건을 훗날 왕자에게 전해 달라고 유언을 남겼지요. 이것을 연산군의 외할머니가 가지고 있다가 임사홍에게 건넴으로써 연산군의 보복이 시작되었습니다.

▲ 경회루

을 내쫓고 새 임금을 내세웠습니다. 바로 중종11대이었습니다.

조광조의 개혁과 기묘사화 ✿ 새로 임금이 된 중종은, 연산군 때 없어졌던 경연을 다시 열고 성균관을 부활시켰어요. 의욕적으로 나랏일을 하려고 나섰지요. 하지만 중종은 신하들에 의해 추대된 임금이었기에 그 힘이 너무나 미약했습니다. 그래서 중종은 자신을 지지해 주는 신하를 만나 왕권을 강화할 필요성을 느꼈습니다. 이에 새로운 인재를 속속 등용하기 시작했습니다.

이들 중에는 특히 총명하고 강직한 신하가 한 사람 있었는데, 바로 조광조였습니다.

조광조는 벼슬길에 나온 지 3년 만에 사헌부의 대사헌에 오르는 등 중종의 높은 신임을 받았습니다. 그는 이런 믿음을 바탕으로 소격서하늘과 땅에 제사를 지냈던 궁궐 안의 관청으로 내명부에서 받들었음를 없애도록 했고, 현량과를 실시하게 했지요. 현량과는 6조 판서 등으로부터 뛰어난 인물을 추천받아 예조에서 이 사람들을 조사하여 심사하고 임금이 지켜보는 가운데서 간략하게 시험을 보게 하는 제도였어요. 이 제도를 통해 처음으로 28명의 새로운 인재를 선발했는데, 이때 선발된 28명 역시 사림 출신이었으며 조광조를 따르는 젊은 선비들이었습니다.

이어 조광조는 향약을 실시하게 했습니다. 향약은 유교 예절과 풍속을 바탕으로 서로 돕고 살아가는 도덕적이고 이상적인 사회를 왕실뿐만이 아니라 백성들의 삶 속에서도 이루어 내고자 만든 것이었습니다. 즉 백성들까지도 성리학의 규범을 익혀 왕이 중심이 되는 도덕 정치가 잘 실현되도록 한 것입니다.

여기에 더하여 조광조는 왕에게 나가 아뢰었지요.

"전하! 지난 반정 때 공신이 아닌 자가 공신 목록에 들어 있습니다. 이들의 이름을 공신호에서 박탈해 주십시오."

이에 훈구파 신하들의 불만이 극에 달했습니다. 공신 목록에서 삭제되면, 지위와 재산을 잃을 수도 있었으니까요. 마침내 훈구파는 희빈 홍씨훈구파 홍경주의 딸와 짜고 주초위왕走肖爲王 사건을 일으켰습니다. 나뭇잎에 꿀로 주초위왕이라는 글자를 쓰고 벌레가 그것을 갉아먹도록 한 것이지요.

▲ 조광조의 「절명시」. 조광조는 무오사화로 인해 유배 중인 김굉필로부터 도학적 사상을 배웠고 그것을 실천하려는 인물이었어요. 29세에 진사 시험에 합격한 조광조는 성품이 곧고 고집이 세어 하려는 일을 반드시 해내고야 마는 강직한 선비였지요. 그는 중종에 의해 정치의 일선에 뛰어들었고 자신이 주장하는 바를 반드시 관철시켰습니다. 그는 훈구파의 모함을 받아 유배되었다가 결국 사약을 받고 죽습니다. 「절명시」는 죽음 직전에 남긴 짤막한 시로, 태양은 임금과 나라에 대한 자신의 거짓 없는 사랑을 밝게 비춰 주리라는 내용이에요.

"마마, 이것 좀 보시옵소서. 궁녀가 뒤뜰에서 이런 해괴한 나뭇잎을 주워 왔사온데, 주초위왕이라 쓰여 있사옵니다. 주走 자와 초肖 자를 합하면 조趙가 되지 않사옵니까? 그렇다면 조씨의 성을 가진 사람이 왕이 된다는 뜻 아니옵니까?"

이것을 핑계로 훈구파는 조광조가 역모를 꾀한다고 모함했습니다. 중종은 믿고 싶지 않았지만, 조광조를 유배 보내기로 했습니다. 사실 조광조의 급진적인 개혁 정책에 부담을 느끼고 있었기 때문이지요. 하지만 훈구파는 뒷날이 염려스러워 끝내 조광조를 사사시키고 말았습니다.

이 사건을 계기로 다시 한 번 수많은 사림파 선비들이 죽임을 당하고 유배를 떠나야 했습니다. 이 사건을 기묘사화라 불렀습니다.1519년

을사사화와 의적 임꺽정 ✿ 중종 임금에게는 3명의 왕후가 있었습니다. 첫 번째 왕후는 단경 왕후였는데, 아버지가 연산군의 매부였다는 이유로 폐위되었지요. 두 번째 장경 왕후는 왕자 호12대 인종를 낳고 세상을 떠났습니다. 그 직후 문정 왕후가 세 번째 왕후가 되었고, 경원 대군을 낳았습니다.

이때 왕실에서는 인종의 외척인 윤임과 경원 대군의 외척인 윤원형이 대립하고 있었지요.

인종 임금 대에는 별일이 없었습니다. 인종은 왕실이 피로 물드는 것을 꺼려해서 인재를 골고루 등용하려고 애썼기 때문입니다. 그러나 인종이 세상을 떠나고 경원 대군이 12세의 어린 나이로 왕위에 오르자13대 명종 문정 왕후와 윤원형이 권력을 잡고 윤임을 모함했습니다.

"상감마마, 윤임이란 자가 봉성군중종의 여덟 번째 아들에게 왕위를 넘겨주려고 역모를 꾸몄습니다. 이 자를 잡아 극형에 처해야 하옵니다."

고작 12세에 불과한 명종은 어머니 문정 왕후의 수렴청정을 받고 있었으므로, 시키는 대로 해야 했습니다. 곧 윤임을 비롯해 유관·유인숙 등의 신하들이 잡혀 와 사약을 받았고, 이들 외에도 윤임을 따르던 수많은 사림파 대신들이 유배를 가야 했습니다. 이 사건이 을사사화였어요.1545년

이렇게 조정의 실권을 잡은 윤원형은 자신에게 방해되는 세

▲ 보우 스님

력은, 그가 친형윤원로이라도 서슴지 않고 제거했으며, 오로지 재산을 모으는 데만 골몰했습니다. 특히 윤원형은 걸핏하면 뇌물을 받았고, 매관매직벼슬자리를 돈으로 사고파는 일을 서슴지 않았습니다. 그리하여 나중에는 윤원형에게 줄을 대 벼슬을 하려는 사람들이 전국 각지에서 찾아오는 바람에 그의 집 앞이 늘 인산인해를 이루었습니다.

한편 문정 왕후는 불교에 심취해 승려 보우와 함께 불교를 장려하고 있었습니다. 이 같은 정책은 유교의 가르침을 따르고 있던 조선의 선비들에게 크나 큰 반감을 샀습니다. 뿐만 아니라 문정 왕후는 명종이 성인이 된 뒤에도 나랏일에 간섭하여 왕의 권위를 땅에 떨어뜨렸지요.

왕실과 조정이 문란해지자 백성들의 삶이 도탄에 빠졌습니다. 여기에 몇 해째 흉년이 계속되자 집을 버리고 유랑하는 백성들이 늘어났으며, 전국 각지에서는 도적 떼가 들끓었습니다. 바로 그 도적의 무리 중 양주에서 일어난 임꺽정은 크게 세력을 형성해 관군과 싸우기

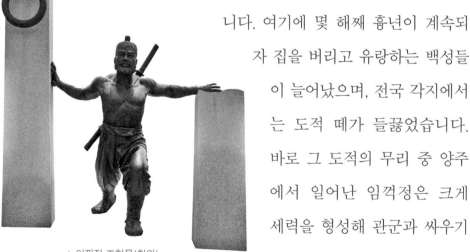

▲ 임꺽정 조형물(철원)

도 했습니다.

"임꺽정이 엊그제는 관가를 습격해 빼앗은 곡식을 가난한 사
람들에게 나누어 주었다네!"

이런 소문이 돌자 사람들은 임꺽정을 '의적'이라 칭하기도 했
습니다. 뿐만 아니라 백성들은 임꺽정의 무리들을 숨겨 주거나
관군에게 거짓 정보를 주어 임꺽정이 도망 다닐 수 있도록 도와
주었지요. 그 때문에 관군은 한동안 임꺽정을 붙잡을 수가 없었
습니다. 심지어 함경도에서는 500명
의 관군이 임꺽정에게 대패하여
군마까지 빼앗겼고, 몇몇의 관
아는 습격을 받아 기껏 잡아
놓은 도적의 무리가 탈출

하는 일까지 벌어졌습니다.

그러자 조정에서는 대대적으로 도적 소탕 작전에 나섰는데, 그 이유는 백성들이 도적들에게 피해를 입을 것이 걱정이 되어서가 아니라 조정으로 올라오는 세금과 뇌물이 제때 들어오지 않아서였습니다.

1562년, 임꺽정은 붙잡혔지만 그동안 민심은 더 흉흉해졌습니다. 백성들은 더욱 굶주림에 시달렸고, 조정은 어지러웠습니다. 그나마 문정 왕후가 세상을 떠난 뒤 윤원형이 쫓겨나면서 조정의 질서가 바로잡히는 듯했지만, 명종은 그로부터 2년 뒤 세상을 떠나고 말았습니다.

임진왜란

보름 남짓 만에 내준 한양 ✿ 명종의 뒤를 이어 즉위한 선조14대는 조정을 사림파 선비들로 채우고 매일 경연을 열어 학문을 익혔습니다. 그들과 함께 나랏일을 의논하면서 명종 때 흐트러졌던 민심을 바로 세우기 위해 노력했지요. 그런 덕분에 왕권이 바로 서고, 백성들의 생활도 차츰 나아지기 시작했습니다.

하지만 오래지 않아 사림파 선비들 사이에도 금이 가고 말았습니다. 동인과 서인으로 나뉘어서 당쟁을 벌이기 시작한 거예요.

동인과 서인은 뭔가요?
사림파의 두 정파를 지칭해요. 서인은 보다 먼저 진출한 기성 관료들로 느린 변화를 추구했지요. 동인은 보다 나중에 등장한 젊은 관료들로 빠르고 급진적인 변화를 꿈꾸었어요.

그러던 차에 변방에서, 도요토미 히데요시에 의해
통일된 일본의 낌새가 심상치 않다는 보고가 잇따
랐습니다. 그리고 마침 대마도의 우두머리가
선조를 찾아와 '일본의 왕이 통신사를 파
견하기를 원합니다'라고 간청했지
요. 이에 선조는 통신사를 파견하
기로 하고, 황윤길서인과 김성일동인
을 중심으로 통신사를 꾸려 일본에
보냈습니다.

▲ 도요토미 히데요시

그런데 일본을 두루 관찰하고 온 통신사의 이야기가 서로 달
랐습니다. 황윤길은 일본이 곧 전쟁을 일으킬 것 같다고 보고했

▼ 일본으로 가는 통신사의 모습

▲ 부산진 순절도

지만, 김성일은 전쟁이 일어나지 않을 것이라고 보고했어요. 이때, 조정은 동인 김성일의 보고를 받아들이기로 했지요. 동인이 조정을 운영하고 있었기 때문이에요. 결국 조선의 조정은 전쟁에 대비하지 못하고 아무런 준비도 하지 않았습니다.

그러던 1592년 4월 13일, 고니시가 이끄는 일본군 선발 부대가 부산 앞바다에 상륙했습니다. 그들은 부산진성을 순식간에 함락시키고 동래성 앞에, '싸우고 싶으면 싸우고, 싸우고 싶지 않으면 길을 비켜라'는 내용이 적힌 말뚝을 세워 놓았습니다. 이를 본 동래부사 송상현은 일본군의 말뚝을 뽑아 버리고, '모름지기 싸워 죽기는 쉬워도 길을 내주기는 어렵다'는 내용의 말뚝을 다시 세웠지요. 그러나 2000여 군사들로 겨우겨우 버티던 동래성은 결국 2만에 이르는 일본군에게 함락되고 말았습니다. 첫 싸움에 기세를 올린 일본군은 이어 밀양을 점령하고 한양을 향해 가파르게 북진을 거듭했습니다.

4월 17일이 되어서야 전쟁 소식을 들은 조정에서는 장수와 군사를 보내 곳곳의 길목을 지키게 했지만, 장수 이일은 상주에서 맞섰으나 패했고, 장수 신립도 기병 8000을 이끌고 탄금대 앞에서 싸웠지만 패했지요.

결국 선조 임금은 신하들을 이끌고 피난길에 나서야 했고, 평양을 거쳐 의주 부근까지 달아나야 했습니다. 이 사실을 안 백성들은 절망에 빠지는 동시 분노했습니다. 성난 민심이 궁궐로 향했습니다. 경복궁이 약탈되고 불타고 말았어요. 이어 일본군은 5월 3일에는 한양을, 6월 15일에는 평양성을 점령했습니다.

조선이 이렇게 참패한 이유는 무엇보다 전혀 준비 없이 전쟁을 맞은 데에 있었습니다. 오래도록 전란이 없이 평화로웠던 탓에 너무나 안이했던 것이지요. 군대의 조직력마저 형편없어서 무기를 버리고 달아난 병사들이 한둘이 아니었던 거예요. 오죽했으면 선조가 피난을 떠날 때, 왕을 수행했던 사람들이 100여 명뿐이었답니다. 호위 무사들까지 달아나 버렸던 것이지요. 게다가 일본은 이전부터 조선에 대해 철저하게 파악하고 있었고, 무기 또한 당시로써는 신무기라 할 만한 '조총'을 가지고 있었습니다. 조선이 반드시 패할 수밖에 없었던 원인이 도사리고 있었던 것이에요.

이순신의 활약 🌼 북으로만 쫓기던 선조 임금과 신하들에게 조
선군의 첫 승전 소식을 들려준 사람은 이순신이었습니다.

이순신은 전라좌도의 수군절도사가 된 1591년부터 왜구의 침
입에 대비하여 많은 준비를 하고 있었습니다. 낡은 배와 무기는
보수하고, 일손이 닿는 대로 새 배를 만들었어요. 군사들을 철저
하게 훈련시키고, 군량 확보에도 힘을 썼지요.

5월 7일, 이순신은 원균의 함대와 합세하여 옥포 앞바다에서
50여 척의 왜선과 부딪쳤습니다. 이 전투에서 왜선 26척이 파괴

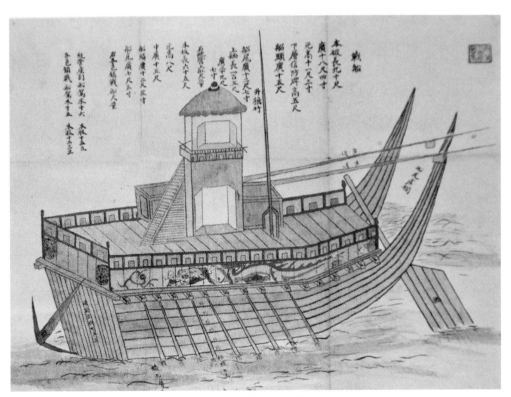

▲ 판옥선. 조선 수군의 주 전투함으로 널빤지가 지붕을 이룬 형태랍니다.

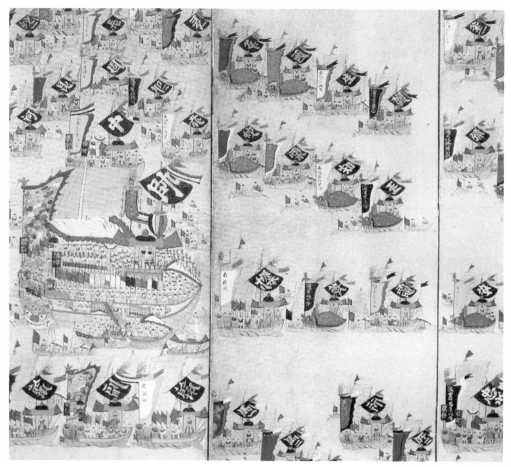

▲ 병풍에 그려진 수군 조련도. 거북선과 판옥선 등 수많은 전함이 합동 훈련을 벌이고 있어요.

되었고, 목이 베인 일본군의 수가 3000을 넘어섰습니다.

다음 날에는 고성의 적진포로 나아가 왜선 13척을 파괴했고, 얼마 후에는 당포와 당항포에서 각각 20여 척의 적선을 침몰시켰습니다.

이순신은 이 승리의 기세를 몰아 한산도 앞바다로 달려갔습니다. 약 70여 척의 배가 이순신에게 설욕하기 위해 벼르고 있었습니다.

"적선 70여 척이 한산도에서 가까운 견내량 안쪽에 진을 치고 있소. 견내량은 물살이 빠르고 섬과 섬 사이가 좁아 배끼리 서로 부딪칠 위험이 있으니, 적을 넓은 바다로 유인할 전략이 필요하오."

그에 따라 이순신은 조선 수군의 배를 견내량까지 이끌고 들어갔다가 재빨리 빠져나왔습니다. 조선 수군이 후퇴한다고 판단한 일본군의 배 70여 척이 한꺼번에 몰려 나왔습니다. 이때 이순신은 명령을 내렸습니다.

"학익진을 펼쳐라!"

이순신의 명령에 따라 조선 수군의 배가 학의 날개 모양으로 흩어졌습니다. 그리고 거북선을 앞세워 왜선을 공격했습니다. 천자포·지자포 등의 화포가 불을 뿜었고, 불화살이 하늘을 가득 메웠습니다. 곧 왜선들은 차례로 무너지

▲ 거북선

거북선의 특징이 뭐예요?

거북선은 두께가 12cm 이상인 튼튼한 소나무로 만들어졌습니다. 그로 인해 충격에 강했는데, 특히 적군의 배와 부딪쳐 침몰시키는 데 유리했습니다. 거북선의 노는 양쪽에 8개씩 모두 16개였고, 80명이 교대로 저었다고 합니다. 안에는 화약과 포탄을 장전하는 화포장, 포를 쏘는 포수, 활을 쏘는 사수가 함께 타고 있었으며, 용머리의 입에도 구멍을 내어 총을 쏘는 데 이용했습니다. 용머리의 위와 아래에도 2개씩의 포문이 있어서 거북선은 사방으로 공격을 감행할 수가 있었습니다.

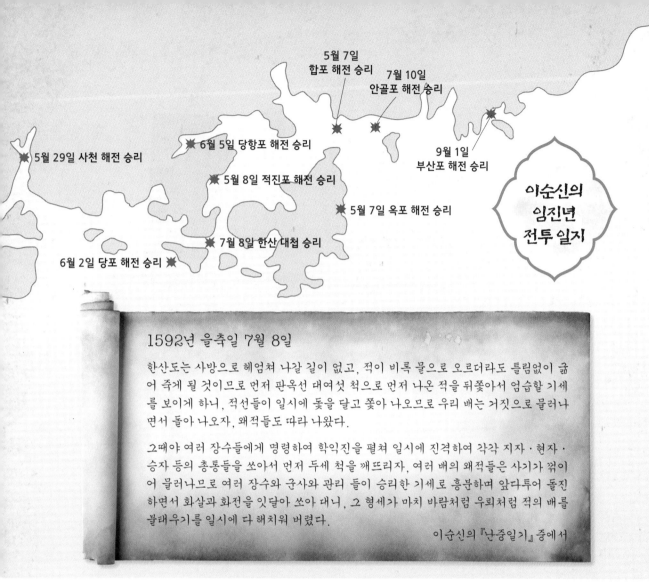

5월 7일
합포 해전 승리

7월 10일
안골포 해전 승리

5월 29일 사천 해전 승리

6월 5일 당항포 해전 승리

9월 1일
부산포 해전 승리

5월 8일 적진포 해전 승리

5월 7일 옥포 해전 승리

7월 8일 한산 대첩 승리

6월 2일 당포 해전 승리

이순신의
임진년
전투 일지

1592년 을축일 7월 8일

한산도는 사방으로 헤엄쳐 나갈 길이 없고, 적이 비록 뭍으로 오르더라도 틀림없이 굶어 죽게 될 것이므로 먼저 판옥선 대여섯 척으로 먼저 나온 적을 뒤쫓아서 엄습할 기세를 보이게 하니, 적선들이 일시에 돛을 달고 쫓아 나오므로 우리 배는 거짓으로 물러나면서 돌아 나오자, 왜적들도 따라 나왔다.

그때야 여러 장수들에게 명령하여 학익진을 펼쳐 일시에 진격하여 각각 지자·현자·승자 등의 총통들을 쏘아서 먼저 두세 척을 깨뜨리자, 여러 배의 왜적들은 사기가 꺾이어 물러나므로 여러 장수와 군사와 관리 들이 승리한 기세로 흥분하며 앞다투어 돌진하면서 화살과 화전을 잇달아 쏘아 대니, 그 형세가 마치 바람처럼 우뢰처럼 적의 배를 불태우기를 일시에 다 해치워 버렸다.

이순신의 『난중일기』 중에서

기 시작했습니다. 반나절이나 계속된 전투는 결국 조선 수군의 승리로 끝났습니다. 왜선 77척 중 66척을 괴멸시켰지요. 이 전투가 바로 한산 대첩이었어요.

이어 이순신은 전라좌·우수영의 170여 척 함대를 이끌고 왜군의 본거지인 부산포로 달려가 100여 척의 왜선을 침몰시켰습니다.

▲ 『임진록』. 임진왜란을 배경으로 이순신, 곽재우 등의 활약을 그려 놓은 작자 미상의 역사 소설이에요.

곽재우와 의병의 활약 ✽ 일본군의 기본 전략은 애초에 수륙병 진책이었습니다. 수륙병진이란 육지와 바다를 동시에 공략하여 빠른 시간 안에 조선 전체를 손에 넣는다는 계획이었지요. 이것이 뜻대로 되면, 도요토미 히데요시가 뱃길로 한양에 입성한다는 계획까지 세워 둔 터였습니다.

하지만 이순신에 의해 물길이 막히자, 평양성까지 진격했던 고니시의 선발군도 더 이상 진군하지 못하고 주춤거렸습니다. 자칫 보급로가 끊겨서 위험해질 수도 있었으니까요.

아닌 게 아니라 이순신의 승전 소식에 이어 곳곳에서 의병이 일어나 일본군이 고전을 면치 못한다는 소식이 들려왔습니다. 의병들은 비록 무기도 변변치 않았고, 제대로 된 훈련도 받지 못했지만, 자기 고장의 지리적 사정에 아주 밝아서 상대의 동태를 살피기 좋은 곳에 숨어 있다 공격하는 매복 전술을 이용하거나, '치고 빠지는 식'의 유격 전술을 이용해 일본군을 괴롭혔습니다.

특히 의령에서 일어난 곽재우는, 이순신의 후미를 치기 위해 전라도 쪽으로 진출하려는 일본군을 길목 곳곳에서 막았습니다. 그는 늘 붉은 옷을 입고 전투에 나섰기에, '천강 홍의 장군'이라는 별명까지 붙었습니다. 그는 부하들에게도 붉은 옷을 입히고 여기저기에서 '내가 홍의 장군이다!'라고 외치게 하여 일본군을 혼란에 빠뜨리기도 했습니다. 이런 곽재우의 활약은 이순신이 무사히 전투를 치르는 데 큰 보탬이 되었고, 아울러 전라도 쪽의 곡창 지대를 지키는 데에도 큰 기여를 했습니다.

곽재우 외에도 많은 곳에서 의병이 일어났습니다. 충청도 옥천에서는 조헌이 의병을 일으켜 빼앗긴 청주성을 수복했고, 금산성 싸움에서 700명의 의병과 더불어 일본군과 싸우다가 순절하였습니다.

그리고 고경명은 담양에서, 김천일은 나주에서, 그리고 김덕령은 광주에서, 김제갑은 원주에서 의병을 일으켜 일본군과 싸웠습니다. 뿐

곽재우의 동상(오른쪽)과 그의 칼(왼쪽) ▶

만 아니라 서산 대사는 모든 절에 격문비상 사태를 여러 사람에게 알리고
뜻을 함께할 것을 권하는 글을 돌려 수많은 스님들이 승군을 조직하여
맞서게 하는 데 큰 역할을 했지요. 이에 영규 대사·처영 대사·
유정 대사 등이 바로 서산 대사와 뜻을 같이하여 승군을 일으켰
고 곳곳에서 승리를 거두었습니다.

　이에 조선 조정에서는 의병장들에게 벼슬을 내려 격려하기도
했습니다.

　이런 틈을 노려 조선 관군은, 명나라의 도움을 얻어 평양성을
탈환했고1593년, 이어 이듬해 2월에는 권율 장군이 군사와 백성
들을 이끌고 행주산성에서 일본군을 크게 이겨 마침내 한양을
되찾는 데 큰 도움을 주었습니다.

정유재란과 전쟁 후의 모습 ✿ 의병의 활약과 조선군의 반격, 여기에 더하여 명나라 군대의 참전으로 전쟁은 잠시 멈추는 듯했습니다. 일본군은 협상을 통해 '명나라 공주를 일본의 후궁으로 보내고, 조선의 8도 가운데 4도를 달라'며 생떼를 부렸지요. 그러면서 1596년까지 시간을 끌었습니다. 하지만 협상이 진척되지 않자, 일본군은 다시 조선을 침략했습니다. 1597년, 정유재란

이때 일본군은 먼저 이순신을 제거하기 위한 계략을 꾸몄습니다. 이순신만 없으면 해전에서 승리할 수 있고, 나아가 곡창 지대인 전라도를 점령할 수 있다는 생각에서였지요. 일본군은 첩자를 보내, '1월에 일본군 장수 가토 기요사마가 조선에 들어올 것이다'라는 거짓 정보를 흘렸습니다. 이에 조선 조정에서는 함대를 보내라고 일렀지만, 이순신은 거짓 정보라며 출정하지 않았습니다. 이 일로 이순신은 삼도수군통제사 자리에서 물러나야 했습니다.

계략에 성공을 거둔 일본군은 마침내 7월 600여 척의 배를 이끌고 남해 앞바다를 휘저었습니다. 새로 삼도수군통제사가 된 원균이 맞섰지만 크게 패하고 전함 대부분을 잃고 말았습니다. 원균 자신도 패하여 도망치다가 목숨을 잃었습니다. 이어 남원과 전주까지 점령당하고 말았지요.

이에 놀란 조정에서는 다시 이순신을 삼도수군통제사에 임명하고 일본군을 막을 것을 명령했습니다. 하지만 이순신 앞에 놓

▲ 명량 대첩

인 것은, 적은 병력과 고작 열두 척의 전함뿐이었습니다. 이런 사실을 알고 조정에서는 이순신에게 육지에서 싸울 것을 지시했지만, 이순신은 실망하지 않고 '소신에게는 아직 열두 척의 전함이 있사옵니다!'라는 내용의 장계_{출장을 나온 신하가 왕에게 올리는 보고서}를 올려 명량 앞바다에서 일본 함대 120척과 맞섰습니다.

이순신은 명량 앞바다가 좁은데다가 밀물에서 썰물로 바뀔 때 바닷물이 역류한다는 사실을 알고 있었지요. 이에 일본군 함대를 명량으로 끌어들인 뒤 기습을 하자 일본군은 역류에 휘말려 우왕좌왕했습니다. 이때 이순신은 30척이 넘는 일본군 전함

을 침몰시켰습니다.명량 대첩

명량 대첩의 패배로 일본군은 다시 한 번 전의를 상실하고 공격의 고삐를 늦추었습니다. 그러던 1598년 8월, 도요토미 히데요시가 사망하자 마침내 일본군은 철수하기 시작했습니다. 하지만 이순신은 일본군을 그냥 돌려보낼 수 없다고 생각했습니다.

"왜놈들을 그냥 돌려보내면 뒷날 또 조선을 침략할지 모른다. 놈들을 격멸하여 다시는 조선 땅을 넘보지 못하게 하리라!"

이순신은 함대를 광양만으로 집결시켰습니다. 그리고 적선 500척과 맞섰지요. 목숨을 건 이 싸움에서 이순신은 적선 200여 척을 침몰시키고 대승을 거두었습니다. 하지만 이순신도 적의 탄환에 맞아 숨을 거두었습니다.노량 해전

7년간에 걸친 임진왜란이 끝났지만, 조선은 큰 피해를 입었습니다. 수많은 백성들이 죽거나 다쳤고, 농경지도 황폐해졌습니다. 농사를 지을 수 있는 땅이 이전에 비해 3분의 1로 줄어들었지요. 또한 조금이라도 공을 세운 사람들이 관직을 얻으면서 양반 행세를 하는 자들이 늘어났고 노비 문서가 불타 버리는 등 신분제가 흔들렸습니다.

명나라 역시 조선을 돕기 위해 수많은 물자와 힘을 쏟아부었기 때문에 백성들이 고통을 겪었는데, 이로 인해 반란이 자주 일어났습니다. 결국 명나라도 만주에서 일어난 후금을 견제하지 못하고, 오래지 않아 멸망의 길로 들어섰습니다.

▲ 울산왜성전투도. 일본군이 후퇴하기 직전 울산성에서 벌어진 전투를 그린 그림이에요.

오히려 전쟁에 패한 일본은 큰 이익을 보았습니다. 조선에서 납치해 간 수많은 도공과 여러 분야의 기술자들을 통해 선진 문물을 배울 수 있었고, 약탈해 간 문화재와 서책은 일본의 문화 발전에 큰 기여를 했지요.

병자호란

광해군의 선정과 인조반정 ✺ 임진왜란이 끝난 뒤 왕위에 오른 광해군15대은, 위기에 처한 백성들의 삶을 돌보기 위해 애를 썼습니다. 광해군은 경기도를 시작으로 전 국토에서 대동법을 실시케 했습니다. 그로 인해 백성들은 조세의 부담을 크게 줄일 수 있었지요. 또한 전쟁 후유증과 질병에 시달리는 백성들을 제때에 치료하기 위해 허준에게 명해『동의보감』을 완성하게 했습니다. 나아가 전쟁 중에 흐트러진 백성들의 윤리와 기강을 바로잡기 위해서 효자와 열녀, 충신을 뽑아 상을 주고 이를 널리 알리게 했습니다.

　뿐만 아니라, 광해군은 백성들이 또 다른 전쟁에 시달리지 않도록 명나라와 후금청나라 사이에서 중립 외교를 펼쳤어요. 하필이면 이때 두 나라가 싸움을 벌이는 중이었고, 명나라는 조선에 군사를 요청했습니다. 하지만 광해군은 백성들을 또다시 전

대동법이 뭐예요?

대동법은 모든 세금을 쌀로 통일하여 바치게 한 제도였어요. 즉 가지고 있는 땅의 비율에 맞게 쌀을 세금으로 내는 방법이었지요. 쌀이 나지 않는 산골에서는 무명으로 환산해 세금을 받았습니다. 대동법의 실시로 중간 관리가 가운데서 빼돌리는 일이 적어졌고 농민들은 과도한 세금을 내지 않아도 되었지요. 처음에는 경기도 지방에서만 실시되었다가 나중에는 전국적으로 확대되었어요. 이 제도는 당시 가장 혁신적인 개혁 제도였습니다.

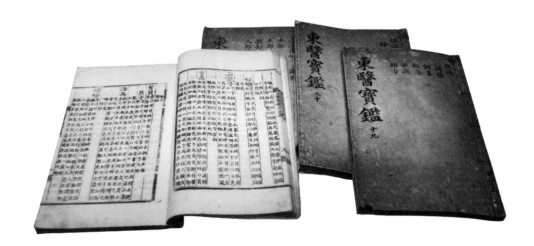

▲『동의보감』, 허준이『동의보감』을 완성한 것은 광해군 5년인 1613년 때였어요. 허준은 선조 임금이 의주로 피난을 나설 때도 끝까지 왕을 모신 공로로 호성공신 3등급에 책봉되었습니다.

쟁터에 내몰 수는 없다는 생각에서 명나라에 '조선의 군사력은 보잘것없으며, 언제 또다시 왜나라가 쳐들어올지 모른다'라는 평계를 대며 파병군사를 보내는 일을 미루었습니다.

나중에는 어쩔 수 없이 1만의 군사를 보내긴 했지만, 이때에도 광해군은 도원수 강홍립을 은밀히 불러 싸우는 척하다가 청나라에 항복하라고 일러두었어요. 그래야만 조선군의 피해를 최대한 줄일 수가 있었으니까요.

하지만 이런 일은 광해군을 모함하는 무리들에게 반란의 빌미가 되고 말았습니다. 이제까지 사대해 온 명나라를 광해군이 홀대하는 것처럼 보였기 때문이었습니다. 물론 광해군이 미움을 받은 것은 이런 일 때문만이 아니었습니다.

우선 광해군은, 임해군을 귀양 보냈다가 사사시켰습니다. 신하들이 보고하기를 '임해군이 왕의 자리를 빼앗겼다며 공공연하게 떠들고 다닙니다'라고 했기 때문이었어요. 사실 임해군은 광해군의 형이었지만, 선왕인 선조가 더 명석했던 광해군에게 왕위를 물려준 것이었지요.

뿐만 아니라 광해군은 여덟 살밖에 안된 영창 대군마저 죽음의 길로 내몰았습니다. 광해군을 따르던 신하들이 '훗날 반대파들이 영창 대군을 내세워 반란을 일으킬지 모릅니다'라면서 죽이라고 부추겼기 때문이었죠. 아울러 능창군도 역모를 꾸몄다는 신하들의 보고를 받고 사사시켰으며, 인목 대비영창 대군의 어머니까지 폐위시켰죠.

　이런 일들에 이를 갈고 있던 능양군선조의 손자, 16대 인조은 이괄, 이귀 등의 서인 세력과 함께 반란을 일으켰습니다. 1623년 3월 13일 밤, 반란군의 무리는 세검정을 지나 돈화문을 거쳐 왕궁을 포위했습니다. 광해군은 급히 도망을 쳤지만, 곧바로 잡혀와 유배를 가야 했습니다.인조반정

병자호란 ✺ 반란을 일으켜 왕이 된 인조는 곧바로 위기를 맞았습니다. 함께 반란을 일으켰던 이괄이 난을 일으켰던 것입니다. 이괄은 자신의 공이 가장 컸음에도 겨우 '2등 공신'에밖에 오르지 못한 것, 뿐만 아니라 국경 부근인 평안도 영변에서 근무하라는 명령을 받은 것에 불만이 많았던 것입니다. 그는 잘 훈련된 군사 1만 5000을 이끌고 한양으로 출정하여, 곧 성을 점령했습니다. 이 때문에 인조는 도성을 비우고 남쪽으로 피난을 떠나야 했지요. 물론 도원수 장만의 반격으로 10일 만에 난은 진압되었지만, 더 큰 시련이 기다리고 있었습니다.

1627년, '광해군의 원수를 갚겠다!'라는 핑계를 대며 후금의 군사들이 조선의 국경을 넘었습니다.정묘호란 실은, 인조가 광해군 대의 중립 외교 정책을 끊어 내고 친명배금명나라와 가까이 지내고 후금은 배척한다는 뜻 정책을 추진한 탓이 컸지요. 인조와 함께 반정을 일으켰던 서인 세력은 광해군의 신중한 중립 외교를 간사한 것으로 여기고 자신들이 주장하는 친명 외교야말로 의리를 지키는 도덕 외교로 보고 있었지요. 이런 상황 속에서 심지어 인조는 후금과의 전투에서 패한 명나라 장수를 보호해 주기까지 했습니다. 한편 후금의 입장에서는 명과 전쟁이 한창인 터에 조선의 외면을 받는다는 것이 곧 전쟁에 지는 것과 마찬가지였습니다. 그동안 조선과의 외교를 통해 전쟁 물자를 공급받았던 터였으니까요. 결국 인조 대에 들어 물자난에 시달리던 후금은 조선을 쳐들어

▲ 남한산성

왔습니다. 후금의 3만 5000 군사는 파죽지세로 몰려와 순식간에 의주를 점령하고, 안주성으로 진출하여 곧바로 평양성으로 밀려들었습니다. 이에 조선은 '후금과 형제 관계를 맺을 것을 맹세하라'는 등 네 가지 조건을 들어주고 화의를 맺었습니다.

하지만 1636년, 후금은 중국을 통일하더니 '청'으로 국호를 바꾸면서 다시 사신을 보내 '형제 관계' 대신 '군신 관계'임금과 신하의 관계를 맺는 것를 요구하고, 아울러 조선의 왕자를 청나라에 볼모로 보내라고 호통을 쳤습니다. 인조가 이를 거부하자 기다렸다는 듯 청나라 군사 12만이 다시 국경을 건너왔습니다.

인조는 남한산성으로 피했습니다. 이때 남한산성에는 군사 1만 2000명, 먹을 식량은 50일분이 비축되어 있었습니다. 청나라 군대는 이 사정을 알고, 큰 전투를 피한 채 남한산성을 포위하며

40일 이상을 기다렸습니다. 남쪽에서 구원군이 올라왔지만 곳곳에서 패전만 거듭했습니다.

　마침내 식량이 떨어지고 말이 굶어 죽었습니다. 군사들도 먹지를 못했고, 인조 자신도 하루 한 끼를 겨우 먹었지요. 게다가 강화도로 피했던 왕실의 가족들도 청나라군에게 붙잡혔다는 소식이 들려왔습니다.

　결국 인조는 항복을 결정하고 한강변의 삼전도로 나갔습니다.

청나라 태종은 9층짜리 단을 만들고 그 위에서 인조를 기다렸습니다. 인조는 조선 임금의 옷인 곤룡포를 벗고 황제에게 세 번 절하며 아홉 번 머리를 조아림으로써 항복을 표시했습니다.

이어 소현 세자와 봉림 대군, 그리고 수많은 신하들이 인질로 붙잡혀 갔고, 수십만 명에 이르는 백성들도 포로로 붙잡혀 갔습니다.

훗날, 청나라에서 돌아온 봉림 대군17대 효종이 북벌북쪽, 곧 청나라를 정벌한다는 뜻을 꿈꾸며 군사를 훈련시키고 꾸준히 전쟁 준비를 해 나갔지만, 그의 갑작스러운 죽음으로 뜻은 이루어지지 못했습니다.

"삼전도의 치욕을 잊을 수가 없구나. 나라의 힘을 키워 반드시 자존심을 회복하겠다."

인조의 뒤를 이어 즉위한 효종은 신하들에게 자신의 의지를 알린 뒤, 친청파 무리를 물리치고 자신의 뜻을 받들어 줄 신하들을 관리로 임명했습니다.

특히 송시열(효종의 세자 시절 스승)은 효종 가까이에서 북벌론을 주장하며 다른 신하들을 설득했지요. 군사를 훈련시키고 군대를 키우는 일은 이완 장군이 맡았습니다.

효종은 군대의 재정을 늘리고 성을 쌓고, 보수하도록 했습니다. 여기에 더하여 박연(조선인으로 귀화한 네덜란드인으로 본명은 벨테브레이)은 뒷날 하멜이 표류했을 때, 통역을 맡아 새로운 무기 제조 기술을 가르치게 했습니다. 특히 박연은 조총 사용법을 가르쳤는데, 효종은 이를 바탕으로 조총을 다루는 부대를 따로 만들었습니다.

그런데 때마침, 청나라에서 조선의 군사를 흑룡강변으로 파견해 줄 것을 요청해 왔습니다. 러시아인들이 흑룡강 부근의 풍부한 자원을 탐내 자주 침범해 왔는데, 변방의 청나라 군사

▲ 하멜 기념비. 하멜은 조선 조정의 방침으로 13년간 억류되어 있다가 고국으로 돌아갑니다. 그 후 자신이 보고 느낀 조선의 모습을 『하멜 표류기』 속에 정리했는데, 이것은 외국인이 한국에 대해 쓴 최초의 기록물로 전해집니다.

들이 제대로 힘을 쓰지 못하고 있었던 것이에요.

효종은 좋은 기회라 생각하고 신하들에게 말했습니다.

"이 기회에 조총 부대의 실력을 가늠해 보고, 전투 경험을 쌓게 해

주는 것도 좋은 일일 거라 생각하오. 그래야 우리 군대가 더 강해질 수

있지 않겠소?"

이에 따라 효종은 조총으로 무장한 군사 100명을 파견했습니다.

이들은 흑룡강 부근에서 러시아 군사들과 치열한 싸움을 벌였습니다. 그리고 승리를 거두

었지요.

이에 1658년, 청나라는 다시 조선의 조총 부대를 파견해 줄 것을 요청했고 이 전투에서도

조선군은 승리를 거두었습니다.

하지만 이렇게 착실하게 군대의 전력을 키워 나가던 조선의 군대는 효종의 갑작스러운 죽

음으로 청나라 정벌의 꿈을 이룰 수가 없었습니다. 게다가 청나라는 날이 갈수록 더 강해

지고 있었습니다.

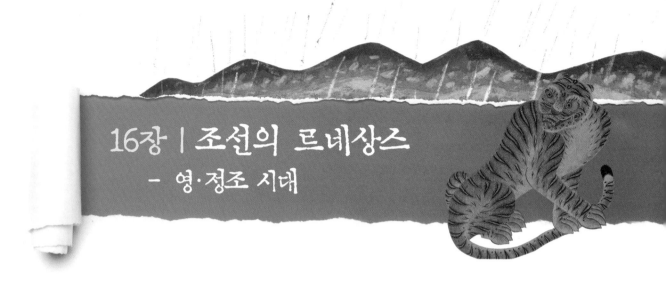

16장 | 조선의 르네상스
- 영·정조 시대

끊임없는 당쟁과 백성들의 피폐한 삶

효종은 눈을 감으면서 대신들에게 골치 아픈 숙제를 남겨 놓았습니다.

"전하, 선왕효종은 차남이므로 1년간 장례를 치러야 합니다!"

"그렇지 않사옵니다. 선왕께서 차남이긴 하셨지만 왕위를 계승하였으므로 3년 동안 상을 치르는 것이 알맞은 법도입니다. 그러니 자의 대비께서도 3년간 상복을 입어야 마땅하옵니다."

현종18대이 왕위에 오르자 송시열을 앞세운 서인과 허목을 앞세운 남인 사람들 사이에 당쟁이 불거졌습니다.

이때, 현종은 서인의 손을 들어 주었고, 그로 인해 남인 세력이 급격하게 약해졌습니다.

붕당이 뭐예요?

동인과 서인으로 나뉘어 다투던 조정의 신하들은, 동인이 서인에 대한 강경파와 온건파로 나뉘게 되면서 남인과 북인으로 갈라져 대립했습니다. 또한 서인도 노론과 소론으로 갈라져 각각의 정치 집단을 만들었습니다. 이와 같은 각각의 무리들을 붕당이라고 불렀고, 당쟁이란 이들 붕당간의 대립을 말합니다. 붕당 정치는 분명 장점을 지니고 있었어요. 하나의 권력만 득세하는 곳에서는 어떤 주장에 대한 적절한 검토와 비판이 있기 어렵지요. 붕당 정치는 그런 권력 독점을 예방할 수 있었습니다. 오늘날 정당 정치 같은 기능을 했다고 볼 수 있지요. 그런데 붕당이 점점 권력 싸움의 무대가 되어 갔습니다. 그들은 서로 권력을 잡고자 하였기 때문에 때로는 비방과 음모를 서슴지 않았고, 이로 인한 정치적 대립은 갈수록 격화되었답니다.

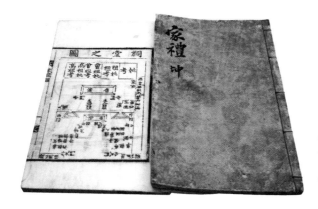

▶『가례』. 가례란 가정의 관혼상제에 대한 예법을 말하는 것입니다. 송시열의 주장은 조선 사회에서 예법서로 참고했던 『가례』를 따른 것이었어요. 『가례』에 따르면 맏아들일 경우에는 3년 동안, 차남의 장례일 경우는 1년 동안 상복을 입어야 했지요.

하지만 이들의 논쟁은 그치지 않았습니다. 1674년, 인선 왕후_{효종의 비}가 세상을 떠나자 서인은 '차남의 아내가 죽었으므로 9개월간 상복을 입어야 합니다'라고 주장했고, 남인들은 '자의 대비께서는 중전이셨으므로 1년 동안 상복을 입는 것이 맞습니다'라고 하였지요.

현종은 이번에는 남인들의 손을 들어 주었습니다. 이때에는 서인 사람들이 화를 당했습니다. 이 논쟁을 '예송 논쟁'이라고 불렀습니다.

숙종_{19대} 때에도 당쟁은 계속되었습니다. 특히 숙종은 '어느 한쪽 당파가 계속 권력을 잡고 있으면, 그 세력이 부패하고 왕권은 약해질 수밖에 없다'라고 생각했기에, 정치 주도 세력을 계속 바꾸어 갔습니다. 이른바 '환국 정치'를 펼쳤던 것이지요. 이때 환국이란 정치 권력을 잡은 세력이 급격히 바뀌는 것을 말해요.

상복을 얼마나 입느냐가 그렇게 중요한 문제였나요?

예송 논쟁은 단순히 상복을 얼마나 입느냐에 관한 논쟁이 아니었어요. 실은 매우 정치적인 문제가 숨겨져 있었지요. 서인의 태도는 왕을 사대부와 동등하게 취급하여 '신권'을 강화하려는 의도에서 비롯된 것이었지요. 이에 반해 남인은 왕을 사대부와 구별하여 '왕권'을 강화하고 신권을 약화시키려는 것이었어요.

애초에 숙종이 등극할 때에는 남인 세력이 득세했습니다. 그래서 이들을 경계하기 위해 서인 편을 들던 김석주현종 왕비의 사촌 동생를 곁에 두었습니다. 이때 김석주는 남인 세력을 제거하기 위해 허적남인의 우두머리의 서자가 역모를 꾸몄다고 주장했어요. 이 말을 믿은 숙종은 남인 세력 100여 명을 귀양 보내고 사약을 내렸습니다. 이때, 다시 서인 세력들이 권력을 잡았습니다.경신환국

하지만 얼마 지나지 않아 궁녀 장옥정장희빈이 낳은 왕자를 세자에 책봉하려 할 때, 서인의 대표 격이던 송시열이 이를 반대하

다가 사약을 받았습니다. 이와 함께 인현 왕후숙종의 계비가 궁궐에서 쫓겨났고, 서인이 몰락했습니다. 물론 많은 서인 사람들이 처형되었습니다.기사환국 하지만 5년이 지난 뒤, 인현 왕후가 돌아오면서 다시 한 번 남인 세력은 몰락했습니다.갑술환국 또다시 수많은 관리들이 사약을 받거나, 유배를 떠나야 했으며 벼슬자리에서 물러나야 했습니다.

그러는 동안, 궁궐 밖 백성들의 생활은 몹시 어려워졌습니다. 신하들은 백성들의 삶을 돌보지 않았고, 흉년과 기근도 잦았습니다. 전염병으로 한 마을이 쑥대밭이 되는 일도 일어났습니다. 그 때문에 도적이 되어 산천을 떠도는 무리들이 늘어났습니다. 이들 중에는 장길산처럼 세력을 키워 양반을 해치고 재물을 빼앗아 가난한 백성들에게 나누어 주는 경우도 있었습니다.

이에 숙종은 대동법을 실시하여 백성들의 삶을 안정시키려 했습니다. 또한 화폐상평통보를 쓰게 했습니다. 이는 혼란스러운 나라 사정에도 불구하고, 한편으로는 경제와 상업이 발달할 수 있는 계기가 되었지요. 특히 상평통보는 이후 200년 동안이나 계속 사용되어 조선 후기 경제의 중요한 밑거름이 되었습니다.

이와 함께 새로운 생각을 주장하는 사람도 나타났습니다. 이를테면 이수광은 『지봉유설』을 써서 천주교에 대해 알리고, 토지를 개혁하고 상업을 발달시키는 방법 등을 소개하였지요. 김육은 '수차물레방아를 사용하여 농사 기술을 개선하자'는 주장을 하는가 하면, 유형원은 『반계수록』이라는 책을 써서 경제·사회 전반에 걸쳐 개혁을 주장하기도 했습니다.

영조의 탕평책과 사도 세자의 죽음

숙종의 뒤를 이어 경종_{20대}이 왕위에 올랐을 때에도 선비들은 날카롭게 대립했습니다. 애초에 노론 세력은 포악한 행실을 일삼은 희빈 장씨의 아들_{경종}이 왕위에 오르는 것을 반대했지요. 경종이 왕위에 오른 뒤에는 하루 빨리 왕의 아우_{연잉군, 21대 영조}를 세자로 책봉해야 한다고 주장했습니다. 이에 경종을 지지하던 소론 세력은 "왕의 나이가 34세밖에 되지 않는데, 세자 책봉을 서두르는 것은 역모요!"라고 주장하면서 노론 세력을 궁지에 몰아넣었습니다. 그런 와중에, 왕위에는 큰 욕심이 없던 연잉군마저 죽음의 위기에 처했지요.

▲ 영조 어진

그러나 경종이 즉위 4년 만에 죽자 연잉군은 가까스로 왕위에 오를 수 있었습니다. 지나친 당파 싸움의 폐해를 누구보다 잘 알고 있던 영조는 신하들에게 고했어요.

"앞으로 신하들은 조정에서 나랏일을 논의할 때 당파의 이름을 거론하지 말라. 문서에도 그 당파의 이름을 쓰지 말 것이며, 나아가 당파가 다르다 하여 함부로 비방하거나 해치려는 말을 하지 말라."

영조가 빼어든 칼은 '탕평책'이었습니다. '탕평'이란 한쪽을 편들지 않는 공평함을 뜻했습니다. 즉 임금이 당파에 관계없이 개인적인 마음에 휩쓸리지 않으며, 유능하고 어진 인재를 뽑아 쓰겠다는 의지를 드러낸 것입니다. 그리하여 영조는 벼슬을 내

릴 때에도 노론 사람을 영의정으로 쓰면, 소론 사람을 좌의정에 앉혀 서로 견제하도록 했고, 판서를 노론 사람으로 쓰면, 참판은 소론 사람으로 앉혀 균형을 맞추게끔 했습니다.

그리고 영조는 경연을 자주 열어 신하들이 학문에 힘쓰도록 했습니다. 왕으로 있는 동안 무려 3458회나 경연을 열었지요.

무엇보다 영조는 '정치의 근본은 백성'이라는 생각을 가지고 있었습니다. 그에 따라 먼저 불합리한 법을 고치도록 했습니다.

"아무리 죄인이라도 사람의 목숨보다 소중한 것은 없으니 앞으로는 압슬형죄인의 주리를 틀어 고문하는 것을 없애고, 사형수에 대해서는 반드시 세 번에 걸쳐 심사하라! 또한 관아의 결정 없이 양반이 함부로 백성들에게 형벌을 가하지 말 것이며, 신문고 제도를 부활시켜 백성들의 어려움을 듣도록 하라!"

이어 영조는 백성들의 세금 부담을 덜어 주기 위해 균역법을 시행하도록 명령했습니다.

나아가 신분 제도를 뜯어고쳐 서자라도 벼슬을 할 수 있게 했으며, 부모 중 한쪽만 양인이면 나머지 한쪽이 천민이라도 자녀들은 양인 대접을 받게 했습니다. 뿐만 아니라, 암행어사를 전국에 파견하여 백성들의 살림살이에 대해 보고를 받고 백성들을 괴롭히는 수령들을 찾아내 벌을 주었습니다. 어사 박문수도 이 무렵에 활약한 인물이었습니다.

균역법이 뭐예요?
백성들은 국방의 의무를 져야 했는데, 그것이 불가능할 경우 포목 2필을 세금으로 내야 했습니다. 그러나 영조는 균역법을 시행하여 세금을 포목 1필로 줄였습니다.

암행어사는 무슨 일을 했어요?

암행어사는 뽑는 과정부터 엄격했습니다. 참신하고 패기에 찬 젊은이 중에서도 부임지에 연줄이 닿아 있는 사람은 제외시켰습니다. 특히 사헌부(벼슬아치들의 행동을 감시하고 바로잡는 기관)의 벼슬아치 중에서 선발되는 경우가 많았습니다. 암행어사의 임무는 탐관오리를 가려내 벌을 주고, 선행을 찾아내 상을 주며, 양반과 지방의 세력가가 폭정을 하지 않는지 감시하는 일이었습니다. 일단 암행어사로 임명되면, 오로지 왕과 측근 한두 사람밖에 알지 못했으며, 이때 왕은 어사에게 봉투를 하나 건네, '남문 밖에서 뜯어 보라'고 일렀다고 합니다. 이 봉투에는 어사가 행해야 하는 임무와 마패가 들어 있었지요.

▲ 암행어사의 마패

영조는 스스로 모범을 보이는 일도 잊지 않았습니다. 책을 읽고 글을 쓰는 일을 게을리하지 않았지요. 『악학궤범』의궤와 악보를 정리한 책의 서문을 직접 썼고, 선비들이 꼭 읽어야 하는 글이면, 인쇄하여 널리 읽도록 했습니다. 『속대전』시행 가능한 법령을 추려 편찬한 법전, 『속오례의』『국조오례의』의 속편, 『해동악장』시조집 『가곡원류』의 이본과 같은 책이 이때 나왔습니다.

그러나 무엇보다 실학 사상이 점차 뿌리내린 것이 가장 큰 학문적 성과였습니다. 이익의 『성호사설』이 나왔고, 안정복의 『동사강목』도 세상의 빛을 보았습니다. 『춘향전』이 나온 것도 이 무렵이었고, 그 외에 많은 책들이 쏟아져 나왔

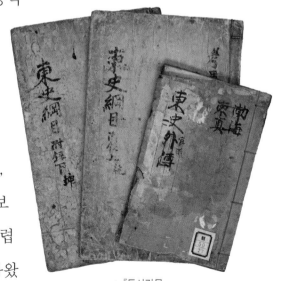

▲ 『동사강목』

습니다.

이런 노력에도 불구하고 영조 역시 당쟁의 파편을 피하지는 못했습니다. 세자의 죽음을 막지 못한 것이지요.

영조는 훗날 다시 생겨날지 모를 당파 싸움을 염려하여 하루 빨리 세자에게 왕이 되는 수업을 시키고자 했습니다. 그래서 세자로 하여금 대리청정을 명하고 세자의 장인을 궁궐로 불러들였습니다. 하지만 노론 세력과 계비 정순 왕후는 사사건건 세자의 잘못된 점을 끄집어냈습니다.

"전하! 세자께서 글공부를 멀리하고 활쏘기와 그림 그리기에만 열중한다 하니 이 어찌 올바른 일이겠습니까!"

"세자께서 아무도 모르게 평안도로 여행을 떠났다가 돌아왔다고 하옵니다."

게다가 나중에는 세자가 저지른 잘못 '10조목'을 들이대며 영조를 압박했습니다. 결국 영조는 세자의 잘못을 꾸짖으며 뒤주 속에 가두었지요. 세자는 그곳에서 굶어 죽고 말았습니다. 뒷날 영조는 자신의 잘못을 뉘우치며 세자에게 '사도'라는 시호를 내렸습니다.

문화 군주 정조

할아버지 영조의 경우처럼 정조22대 역시 여러 차례 죽음의 고비를 넘기며 즉위했습니다. 이에 따라 정조는 우선 자신의 신변

보호를 위해 외가 쪽 사람인 홍국영을 불러들여 도승지 겸 숙위 대장에 임명했어요. 홍국영은 한동안 병권과 인사권을 틀어쥐고 막강한 권력을 행사했습니다.

일단 정조는 영조가 내세웠던 탕평 정치를 계승하고자 했습니다. 하지만 영조와는 달리 정조는, 특히 아버지 사도 세자의 죽음이 옳다고 주장하는 사람들 벽파 을 내쫓고, 그것이 잘못되었다고 주장하는 사람들 시파 을 관리로 등용했습니다.

그런 뒤 정조는 한동안 규장각을 설치하고 학문에 전념했습니다.

물론 규장각은 학문을 연구하는 곳만은 아니었습니다. 정조는

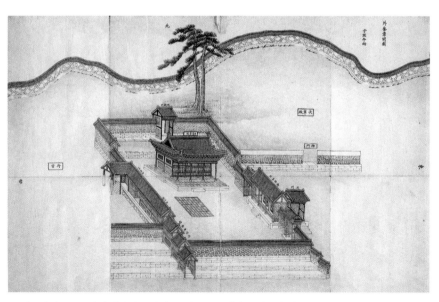

▲ 외규장각. 1776년에 설치된 규장각은, 겉으로는 왕실 도서관의 성격을 띠고 있었습니다. 초기에는 활자를 새로 만들어 책을 출판하거나 도서를 관리하는 역할을 했습니다. 그러나 그 뒤에는 임금이 직접 나서서 규장각의 학자들과 나랏일을 토론하고 정책을 세우는 등 그 규모와 역할이 확대되었습니다. 규장각은 창덕궁에 내각, 강화도에 외각을 설치하였습니다. 강화도의 외규장각에는 왕실의 보물과 의궤를 보관했는데, 1899년 병인양요 당시 프랑스군이 상당수를 약탈해 갔습니다.

규장각에 자신이 가장 신임할 수 있는 인물을 끌어들여 새로운 정치를 펼 준비를 착실히 해 나갔습니다. 우선 정조는 규장각 내에 검서관 제도를 두어 재능은 있지만 마음껏 능력을 펼칠 수 없었던 서얼 출신의 학자들을 등용했습니다. 이때, 박제가와 유득공, 이덕무 등의 학자들이 발탁되어 정조의 개혁 정치를 도왔습니다.

한편으로는 37세가 넘지 않은 관리 중에서 성적이 우수한 학자들을 따로 특별 교육을 시킨 뒤 공부한 내용을 발표하게 했는데, 이를 초계문신 제도라고 했습니다. 이를 통해 정약용과 서유구와 같은 실학자들이 뽑혔지요. 실학자들은 조선을 개혁하기 위해 다양한 의견을 내놓았습니다.

"전하! 청나라는 오랑캐가 아닙니다. 그들은 서양의 과학 기술을 받아들여 우수한 문화를 가지고 있습니다. 그들을 적대시할 것이 아니라 오히려 배울 것은 배워야 합니다."

"이제는 농업보다는 상업과 공업을 발전시켜야 하옵니다."

"주택도 개량해야 하고, 백성들이 편리한 생활을 할 수 있도록 낡은 제도도 뜯어고쳐야 하옵니다."

정조는 이들의 말에 귀를 기울이면서, 한편으로는 아버지 사도 세자를 장헌 세자로 추존하고 능을 수원으로 옮겨 현륭원이라 부르게 했습니다. 그리고 이를 기념하기 위해 특별 과거시험을 실시해 3000명에 이르는 무과 합격자를 뽑아 이들을 중심으

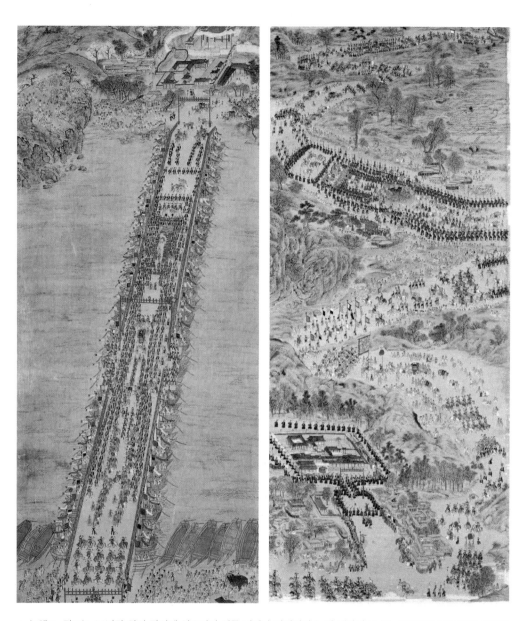

▲ 능행도. 정조는 24년간 왕의 자리에 있으면서 열두 번이나 아버지의 능에 행차했습니다. 이때마다 6000명의 인원과 1400필의 말이 동원되었습니다. 능행 중에 정조는 직접 백성들의 소리를 듣기도 했습니다. 이때 백성들은 글을 올려 어려움을 알리거나, 꽹과리를 울려 사연을 들어 달라고 하소연하기도 했습니다. 왼쪽은 정약용의 제안으로 만든 배다리를 통해 한강을 건너는 모습이고, 오른쪽은 수많은 백성들이 나와 정조의 행차를 지켜보는 모습입니다.

로 장용영국왕의 호위 부대을 설치했지요.

아울러 수원에 화성을 짓도록 했습니다. 수원에 계획도시를 만들어 개혁의 중심지로 발전시키려던 것이었지요. 이때 정약용은 거중기와 녹로를 설계해 무거운 돌을 쉽게 옮기도록 하여 공사 기간을 줄이기도 했습니다.

그러는 한편, 정조는 백성들의 어려운 살림살이를 돌보고, 탐관오리를 찾아내 처벌하는 것도 잊지 않았습니다. 이를 위해서 정조는 영조 때 했던 것처럼, 즉위 후 무려 60번이나 암행어사를 전국에 파견했습니다.

정조는 그 자신도 매우 검소한 생활을 함으로써 백성들의 지

▲ 수원 화성

화성은 어떻게 만들어졌나요?

1794년 2월부터 시작된 수원의 화성 공사는 2년 7개월 만에 끝났습니다. 일정한 크기의 벽돌을 사용하였고, 화포의 공격에도 견딜 수 있도록 튼튼하게 고안되었습니다. 화성을 짓는 동안 목수 335명, 석수장이 642명, 미장이 295명이 동원되었습니다. 사용된 돌덩이는 19만여 개, 벽돌은 69만 장, 목재가 6200주가 들어갔습니다. 공사 경비만 87만 3000냥 정도가 쓰였습니다. 지금은 세계문화유산으로 지정되어 있습니다.

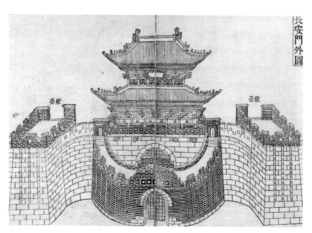

▲ 『화성성역의궤』에 그려진 화성의 모습

지를 받았습니다. 평소에는 비단옷을 입지 않았고, 하루 두 끼만 먹었으며, 화려한 상차림을 하지 못하도록 일렀지요. 궁녀의 수도 줄여 왕실의 재정을 절약했습니다.

실학, 새로운 눈으로 세상을 보다

영·정조 시대에는 다양한 인재를 두루 등용해 당파 싸움에 지친 조선의 정치·사회·경제·문화 등 모든 분야를 새롭게 바꾸고자 노력한 시기였습니다. 그 덕분에 실학자들이 대거 등장할 수 있었지요.

실학은 조선 후기 현실 개혁을 목표로 한 학풍과 사상을 의미했어요. 즉 사회 체계의 한계를 극복하고 현실 속에서 얻은 지식

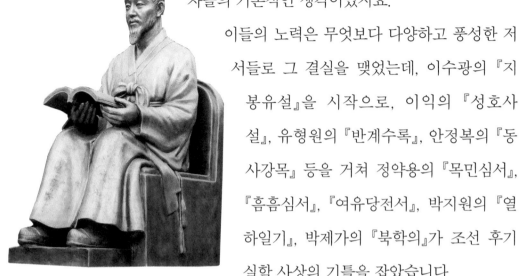
▲ 정약용 동상

을 중심으로 새로운 세계를 건설하자는 것이 실학
자들의 기본적인 생각이었지요.

　이들의 노력은 무엇보다 다양하고 풍성한 저
서들로 그 결실을 맺었는데, 이수광의 『지
봉유설』을 시작으로, 이익의 『성호사
설』, 유형원의 『반계수록』, 안정복의 『동
사강목』 등을 거쳐 정약용의 『목민심서』,
『흠흠심서』, 『여유당전서』, 박지원의 『열
하일기』, 박제가의 『북학의』가 조선 후기
실학 사상의 기틀을 잡았습니다.

　『지봉유설』은 이수광이 세 차례나 중국
의 사신으로 다녀오면서 보고 들은 기록입니다. 이 책에는 조선
과 가까운 일본을 비롯해 중국은 물론 베트남, 타이를 비롯한
동남아 제국과 유럽의 문화나 자연환경, 종교 등이 백과사전처

▲ 『목민심서』

▲ 『흠흠신서』

럼 상세하게 소개되어 있습니다. 이를 통해 조선의 많은 학자들이 새로운 세계관을 갖는 데 큰 도움을 주었습니다. 뿐만 아니라 이수광은 우리나라에 천주교를 최초로 소개하기도 했습니다.

『성호사설』은 평소에 이익이 제자들에게 받은 질문에 답을 하는 형식으로 쓰인 책으로, 천문학과 자연과학, 지리 및 역사·인물·경제·문학 등의 포괄적인 내용이 백과사전식으로 나열되어 있는 것이 특징입니다. 이 책에서 이익은 조선 시대에 새로운 정치 현실이 필요하다고 역설했습니다. 특히 붕당 간의 당파 싸움을 신랄하

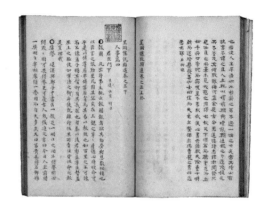

▲ 『성호사설』

게 비판했고 과거 제도의 문제점을 지적하기도 했습니다. 이 외에 서얼제 폐지와 노비 제도의 개선, 관·혼·상·제의 관습 개혁을 주장하면서 학자들에게 새로운 시각을 가질 것을 주장했습니다.

유형원의 『반계수록』에는 토지와 군사, 관리, 병기와 통신 제도 등에 대해 설명하고 폐단을 지적하는 내용이 들어 있고, 우리 역사를 바로 알자는 뜻으로 쓴 안정복의 『동사강목』은 우리 역사가 중국에 속해 있는 것이 아니라는 사실을 강조한 점이 눈에 띕니다.

실학 사상을 정리하는 데는 정약용의 활약이 눈부셨습니다.

정약용은 벼슬과 유배 생활을 반복하면서 일찍부터 새로운 학문에 눈을 뜨고 있던 친형 정약전의 영향을 받았고 그의 친구 이승훈과도 사귀었지요. 이런 사실은 그가 다양한 책을 써 내는 데 큰 보탬이 되었습니다. 지방 관리의 윤리와 농민 경제에 대해서 다룬 『목민심서』를 비롯해, 형벌을 내리는 관리들이 유의할 점들을 적어 놓은 『흠흠신서』, 일종의 제도 개혁안이랄 수 있는 『경세유표』와 『시경강의보』, 맹자의 사상을 풀어쓴 『맹자요의』, 중국의 역사서 『춘추』를 검토한 『춘추고징』 등 수많은 저술을 남겼답니다.

박지원이 쓴 『열하일기』는 일종의 기행문이었어요. 이 책을 통해 박지원은 외국의 문물을 소개하고 정리함으로써 조선 너머에 새로운 세상이 있다는 것을 널리 알렸고, 또 그럼으로써 많

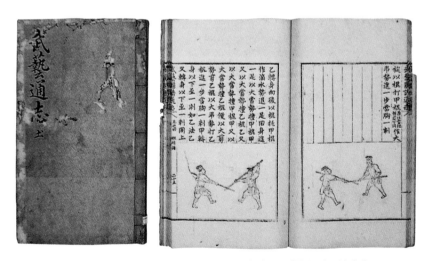

▲ 『무예통지』. 실학자 이덕무와 박제가 등이 정조의 명으로 만든 무예 교본이에요.

▲ 실사구시 현판. 실사구시는 '사실에 입각하여 진리를 탐구한다'는 뜻을 가지고 있습니다.

은 사람들로 하여금 새로운 것에 관심을 갖게 했습니다. 무엇보다 이 책은 건축·선박·의학·인물·정치·경제·사회·문화·종교·문학 등 거의 손을 대지 않은 분야가 없을 정도로 광범위하고 다양했지요. 그러는 한편 박지원은 「양반전」이라는 소설을 써서 양반들을 통쾌하게 비판하기도 했습니다.

박제가의 『북학의』 역시 저자가 청나라의 풍속과 제도를 시찰한 뒤 기행문의 형태로 쓴 것이었어요. 이 책에서 박제가는 일상생활에 대한 개혁론을 제시하였고 무역이나 경제의 개혁에 대해서도 설명했습니다. 또한 실사구시의 사상을 토대로 청나라 문물을 받아들여야 한다고 주장하기도 했습니다. 나아가 상공업과 무역을 권장하는 혁신적인 생각을 전했습니다.

이처럼 영·정조 시대를 거쳐 간 실학자들의 방대한 저술은 학자들뿐만 아니라 백성들까지 자극하여 새로운 세상에 대한 열망을 품게 했습니다.

조선 후기 백성들의 살림살이

농사의 변화와 활발해진 장시 ✾ 백성들의 살림살이에 깊은 관심을 갖고 있던 영조와 정조, 그리고 실학자들의 노력으로 백성들의 살림살이에도 변화가 일어났습니다.

농사를 짓는 백성들 사이에서는 모내기가 널리 퍼졌습니다. 모판에서 모를 길렀다가 어느 정도 자란 뒤에 논에 옮겨 심는 방법이었지요. 무엇보다 모판에서 모가 자라는 동안에 모를 심을 땅에서 보리와 같은 다른 작물을 심을 수가 있어서 경제적이었지요. 이 방식은 한 곳에서 두 번 농사를 짓는다고 하여 이모작이라 했습니다. 이런 농사법에는 물이 많이 필요했는데, 이를 위해 정조는 "저수지의 제방을 잘 관리하고, 수차 낮은 곳에 있는 물을 높은 곳으로 끌어올리는 기구를 만들어 저수지의 물이 마르지 않도록 하시오"라는 명을 내리기도 했습니다.

무엇보다 활기를 띤 것은 장시시장였습니다. 특히 한양의 종로 시전 거리에서는 전국 각지에서 올라온 물건들과 심지어 일본과 중국 등 외국에서 온 물건들도 살 수 있었습니다. 물론 물건을 사고파는 사람들뿐만 아니라, 물건을 옮기는 지게꾼을 비롯하여 일자리를 찾아 나선 사람도 쉽게 눈에 띄었고, 이들을 위한 주막이나 객주도 늘어서 한양의 인구는 급격하게 팽창하기 시작했습니다. 특히 정조 시대에는 사대문 안뿐만 아니라 산 위나 한강변에까지 집들이 들어섰습니다.

지방에서도 크고 작은 장시들이 개설되었습니다. 처음에는 보름이나 열흘 만에 열리던 장시가 점차 5일에 한 번씩 열리게 되었고, 개수도 늘어나서 1700년대 말에는 전국에 1000개가 넘는 장시가 열렸습니다. 이에 따라 전국적으로 수공업이 활기를 띠게 되었습니다. 또 안성의 유기_{놋쇠 그릇}, 개성의 인삼과 홍삼, 한

산과 서천의 모시, 담양의 죽세공품 등 지역별로 유명한 특산품이 장시에 나와 시장 거리에 활력을 불어 넣었습니다.

서민들의 다양한 문화 생활 ✳ 장이 열리고 사람들이 모여들면, 한쪽에는 소리꾼과 광대 들의 놀이판이 벌어지곤 했습니다. 특히 판소리는 양반들도 좋아해서 돈 있는 양반들은 좋은 일이 있을 때마다 소리꾼을 부르곤 했습니다. 나중에는 양반들이 소리의 내용을 바꾸거나 직접 노래를 부르는 경우도 생겨났습니다.

하지만 아무래도 백성들의 마음을 더 웃기고 울린 것은 탈놀이였습니다. 얼굴을 가리고 하는 놀이라, 그 내용 중에는 양반을 비꼬며 관리들의 잘못을 꼬집는 내용이 많았습니다. 가령 〈하회 별신굿〉에서는, '양반'이라고 어깨에 힘을 주고 다니는 것들

판소리가 뭐예요?

판소리는 원래 전라도 지방에 남아 있던 무속음악이었어요. 처음에는 광대가 곡예를 하며 함께 부르던 노래였다가, 나중에는 소리만 남은 것이지요. 이것이 판소리로 변한 것입니다. 대체로 양반들은 이것이 백성들의 천한 소리라 하여 깔보고 무시했지만, 이를 즐긴 양반들도 있었답니다.

▲ 〈양주 별산대놀이〉의 한 장면

대부분은 머리가 텅 비어 있다'고 흉을 보았고, 〈봉산 탈춤〉의
한 대목에는 양반을 '개다리 소반'에 비유하기도 했습니다.

> 쉬이— 양반 나오신다아! 양반이라고 하니까 노론, 소론, 호조, 병
> 조, 옥당을 다 지내고 삼정승, 육판서를 다 지낸 퇴로재상으로 계신
> 양반인 줄 알지 마시오. 개잘량 개가죽이라는 '양'자에 개다리 소반
> 이라는 '반'자 쓰는 양반이 나오신단 말이오!
>
> _〈봉산탈춤〉 중 '말뚝이'의 대사

이 외에도 〈양주 별산대놀이〉, 〈북청 사자놀음〉도 양반을 비
웃고 풍자하는 내용을 주로 담고 있었습니다.

장터의 또 다른 한쪽에는 '전기수'라 불리는 이야기꾼이 사람
들을 모아 놓고 이야기 보따리를 풀었습니다. 이즈음에는 「심청
전」, 「숙향전」, 「춘향전」 등 한글로 쓴 소설이 유행했고, 양반들뿐만
아니라 중인 계급들과 여성, 기생들까지 한문학 작품과 사설시조를
발표하는 등 책을 읽고 쓰는
층이 다양해지고 있었습니
다. 하지만 아직 글을 모르
던 백성들이 더 많았기에
전기수는 인기가 많았습니
다. 전기수는 엽전 몇 냥씩

▲ 소설 「심청전」의 한글본

을 받고 자신이 읽은 다양한 이야기를 들려주었지요.

이런 백성들의 생활 모습은 그림에도 그대로 나타났습니다. 풍속화가 유행했던 것이지요. 특히 정조는 화원화가들에게 "백성을 잘 다스리려면 그들의 생활을 잘 알아야 하니 백성들의 풍속과 관련된 그림을 그려 오도록 하라!"고 명을 내렸는데, 무엇보다 김홍도의 그림이 세상에 널리 알려졌습니다.

그런가 하면 백성들 또한 너도나도 민화를 그려 집에 두기 시작했습니다. 집 안을 장식하는 용도로 쓰거나 귀신을 쫓는 등 주술의 목적으로 그려진 민화는 그다지 품위가 있는 그림은 아니었지만, 서민들의 소박한 마음이 담긴 값진 그림이었습니다.

양반이 왜 이렇게 많아? 🌼 두 번의 큰 전란 임진왜란과 병자호란을 겪으면서 조선의 견고했던 신분 제도가 흔들리기 시작했습니다. 특히 조선 후기에 이르면서 평민과 천민이 줄어들고 양반이 급증했지요.

우선 돈 많은 평민들이 관리들에게 뇌물을 주고 호적을 바꿔치기했습니다. 여기에 더하여 조정에서는 부족한 나라의 재정을 보충하기 위해서 아예 곡물이나 돈을 받고 명예직으로 벼슬자리를 나누어 주기도 했습니다. 이를 납속책이라고 했는데, 많은 재물을 바치면 공명첩이라 하여 이름이 써 있지 않은 관리 임명장

▲ 김홍도의 〈벼 타작도〉에 나타난 양반과 평민의 모습이에요.

을 주었답니다. 물론 곡물의 양에 따라 벼슬자리도 달랐고요. 이
렇게 해서 양반이 되면, 군역병역 의무에 나가지 않아도 되었기 때
문에 심지어 양반의 족보를 몰래 사는 사람도 있었고, 훔치는 사
람도 있었습니다. 양반의 숫자는 점점 늘어 갔지요.

▲ 명문. 노비를 사고팔 때 주고받던 문서예요.

그럼으로써 양반 사회는 매우 혼란스러워졌습니다. 여전히 벼슬자리를 차지하고 권력과 부를 한손에 쥔 양반들이 있는가 하면, 노비들이 도망치고 벼슬길이 막히는 바람에 평민과 다름없이 몰락한 양반도 생겨났습니다. 이들은 당장 먹고살아야 했기 때문에, 양반 체면에도 불구하고 품을 팔거나 농사를 짓기도 했지요. 돈을 주고 양반의 신분을 산 사람들은 이런 양반들과 혼사를 맺어 겉으로나마 양반 행세를 하려 들었습니다.

노비는 꾸준히 줄어들었습니다. 한때는 재산이 많거나 벼슬이 높은 양반은 100~200명의 노비를 거느렸지만, 영조가 '노비종모법'을 실시하면서 노비가 급격하게 사라졌습니다. 이 법의 내용은 어머니가 노비일 때만 노비가 되고, 어머니가 평민이면 평민이 되도록 한다는 것이었어요. 이렇게 되면 평민의 수가 늘어나 세금을 더 많이 걷을 수 있었어요.

하지만 그런 경우가 아니더라도 노비는 천대와 멸시를 받는 신분이었기 때문에 멀리 도망치는 일이 잦았습니다. 특히 관청에 매여 있던 관노비의 경우가 더했는데, 마침내 1801년에는 공노비를 모두 해방시켰습니다.

이런저런 이유로 조선 후기는 갈수록 양반이 많아졌습니다.

▲ 〈대쾌도〉. 조선 후기 화가 유숙이 그린 그림인데, 이 시대 서민들의 모습과 풍습이 잘 드러나 있어요.

우물가

김홍도

강세황의 천거로 도화서의 화원이 된 김홍도는 영조와 왕세손(정조)의 어진을 그리기도 했고, 풍경화도 그렸지만 후기에는 특히 풍속화를 많이 그렸어요. 그의 풍속화 속 인물들은 살아 있는 듯 생생하고, 그림마다 소탈하고 익살스러운 감각이 돋보이지요.

▲ 서당도

신윤복

신윤복은 김홍도·김득신과 함께 조선 후기의 3대 풍
속화가로 알려졌지요. 양반들의 자유분방한 풍류의
모습, 여인들의 솔직한 모습 들을 과감하게 그렸답
니다. 김홍도에 비해 색채가 화려하고, 배경 묘사
가 섬세한 점이 특징이에요.

▲ 여인도

단오풍정

민화

민화는 서민들 사이에서 유행했어요. 주로 정식으로 그림 공부를 한 사람들이 아닌 떠돌이 화가들이 그렸어요. 그 때문에 투박하고 거친 느낌도 있지만 자유분방한 점이 개성이랍니다.

▲ 까치와 호랑이. 까치는 좋은 소식을 전해 준다는, 또 호랑이는 귀신의 침입을 막아 준다는 주술적 의미를 지닌 동물로 민화의 단골 소재였어요.

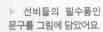

▶ 선비들의 필수품인 문구를 그림에 담았어요.

▲ 물고기는 출세를 의미해요. '효' 자를 넣음으로써 부모에 대한 효행을 강조했어요.

▲ 십장생도. 세상에서 가장 오래 산다는 열 가지(해·산·물·돌·소나무·달 또는 구름·불로초·거북·학·사슴)를 그린 그림이에요. 장수를 기원하는 뜻으로 병풍 등에 많이 그렸어요.

진경산수화

1700년대 이전에는 주로 중국의 산과 들을 그린 그림이 많았어요. 하지만 조선 후기에 접어들면서 우리 것에 대한 관심이 높아져 '진짜 우리의 산과 강'을 그리자는 생각을 하게 되었고, 그렇게 해서 그린 그림이 바로 '진경산수화'였지요. 진경산수화를 가장 뚜렷하게 발전시킨 사람은 정선이었어요. 그는 금강산을 여러 차례 오르내린 뒤에 <금강전도>를 그렸지요.

금강전도

960년
송나라 건국

962년
오토1세,
신성 로마 황제 대관

1037년
셀주크 투르크 제국 건국

1066년
노르망디 공 윌리엄,
잉글랜드 정복

900년

1000년

918년
왕건, 고려 건국

936년
고려, 후삼국 통일

956년
노비안검법 실시

958년
과거 제도 실시

993년

25쪽을 보세요

1009년
강조의 정변

1010년
거란의 2차 침입

1019년
귀주 대첩

1086년
의천, 교장도감을 두고
교장을 조판

1097년
주전도감 설치

1115년
금나라 건국

1127년
북송 멸망, 남송 시작

1163년
프랑스, 노트르담 성당 건축 시작

1192년
일본, 가마쿠라 막부 성립

1100년

1102년
해동통보 주조

1107년
윤관, 여진 정벌

1126년
이자겸의 난

1135년

36쪽을 보세요

1145년
김부식, 『삼국사기』 편찬

1170년
무신정변

1198년
노비 만적의 난

정답은 174쪽에서 확인하시게나!

1206년
칭기즈 칸, 몽골 통일

1215년
영국, 대헌장 제정

1241년
신성 로마 제국, 한자 동맹 설립

1271년
원나라 성립

1279년
남송 멸망

1299년
마르코 폴로, 『동방견문록』 출판

1309년
교황, 아비뇽에서 유폐됨

1321년
단테, 『신곡』 완성

1368년
원나라 멸망, 명나라 건국

1200년

1300년

1231년
몽골, 제1차 침입

1232년
강화 천도

1234년
금속 활자로
『상정고금예문』 간행

1236년
고려 대장경 새김

1274년
여·원 연합군 일본 정벌

1359년
홍건적의 침입

1377년
『직지심체요절』 인쇄

1388년
위화도 회군

1392년

80쪽을 보세요

1394년
한양 천도

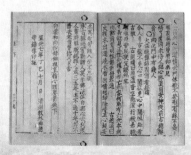

1405년
명나라, 정화의 남해 원정

1429년
잔다르크, 영국군 격파

1450년
구텐베르크, 활판 인쇄술 시작

1455년
장미 전쟁 시작

1492년
콜럼버스, 아메리카 항로 개척

1498년
바스쿠 다가마, 인도 항로 개척

1400년

1413년
지방 행정
조직 완성(8도)

1441년
측우기 제작

1443년
훈민정음 창제

1446년

91쪽을 보세요

1485년
『경국대전』 완성

1517년
루터의 종교 개혁

1519년
마젤란의 세계일주

1588년
영국, 무적 함대 격파

1600년
영국, 동인도회사 설립

1603년
일본, 에도 막부 성립

1616년
후금의 건국

1618년
독일, 30년 전쟁

1500년

1600년

1510년
3포 왜란

1543년
백운동 서원 세움

1592년

112쪽을 보세요

1608년
경기도에 대동법 실시

1610년
『동의보감』 완성

1623년
인조반정

1627년
정묘호란

1636년
병자호란

1642년
영국, 청교도 혁명

1644년
청나라, 중국 통일

1688년
영국, 명예 혁명

1689년
영국, 권리 장전 발표

1765년
와트, 증기 기관 완성

1776년
미국, 독립선언

1789년
프랑스 혁명

1700년

1645년
소현 세자, 과학·천주교 등을 조선에 소개함

1653년
하멜, 제주도에 표착

1678년
상평통보 주조

1696년
안용복, 독도에서 일본인 몰아냄

1708년
대동법 전국 시행

1712년
백두산 정계비 건립

1725년
탕평책 실시

1750년
균역법 시행

1776년
규장각 설치

1785년
『대전통편』 완성

찾아보기

연표 퀴즈의 정답입니다

993년 거란 침입, 서희의 외교 담판
1135년 묘청의 난
1392년 고려 멸망, 조선 건국
1446년 훈민정음 반포
1592년 임진왜란

참고한 책

『초등 사회』(5-1)(5-2), 교육과학기술부, 2011

『중학교 국사』, 교육과학기술부, 2011

『중학교 역사』(상)(하), 정재정 외, 지학사, 2011

『고등학교 한국사』, 주진오 외, 천재교육, 2011

『아, 그렇구나 우리역사』(1)~(8), 송호정 외, 여유당, 2002

『역사신문』(1)~(6), 역사신문편찬위원회, 사계절, 1997

『이야기 한국사』, 이야기한국사 편집위원회, 풀빛, 1997

『한국사 카페』(1)(2), 장용준, 북멘토, 2008

『한국사 이야기』(1)~(22), 이이화, 한길사, 1998

『한 권으로 읽는 조선왕조실록』, 박영규, 웅진지식하우스, 2004

『한 권으로 읽는 삼국왕조실록』, 임병주, 들녘, 1998

참고한 도판

『고려 시대를 가다』, 국립중앙박물관, 2009

『독립기념관 전시품 도록』, 독립기념관, 2002

『박물관 이야기』, 국립부여박물관, 1999

『발해를 찾아서』, 전쟁기념관, 1998

『신라인의 무덤』, 국립경주박물관, 1996

『아름다운 우리문화재-국립중앙박물관』, 국립중앙박물관, 2006

『육군박물관 도록』, 육군박물관, 2002